Eine fesselnde Mischung aus persönlichen Erlebnissen und Einblicken aus der Chefetage, die Nähe schafft, inspiriert und lange nachwirkt.

Urs Heggli | CEO, South China Seafarm Ltd.

Eine inspirierende internationale Lebens- und Karrieregeschichte, die Mut macht, Neues zu wagen - offen, optimistisch und authentisch erzählt.

Rolf Köhler | Executive Coach

Vorhang Auf bietet einen authentischen Einblick in ein Leben jenseits der Heimat - persönlich, ungeschönt und genau deshalb so lesenswert.

Ana Dejanovic | Director Business Development, Luen Thai Holdings Ltd.

Von den verschneiten Schweizer Alpen bis zu globalen Vorstandsetagen: Jörg Kornblum's Geschichte ist ebenso inspirierend wie lehrreich. *Vorhang Auf* liefert präzise Einblicke in interkulturelle Führung und internationale Managementpraxis. Eine Pflichtlektüre für Führungskräfte mit globaler Verantwortung.

Hans Lagerweij | CEO, Flying Dutchman Consultancy, Autor von „The Why Whisperer"

Dieses Buch ist eine Meisterklasse adaptiver Führung. Jörg Kornblum verbindet Humor und Bescheidenheit mit erprobten Strategien für Teamaufbau, Mentoring und Verhandlungen über kulturelle Grenzen hinweg. Praxisnah und zugleich zutiefst menschlich.

Tamara Nall | CEO & Gründerin, The Leading Niche

Mit großer Offenheit erzählt Jörg Kornblum von Kulturschock, Anpassungsprozessen und beruflichem Wachstum und verbindet persönliche Erfahrungen mit praxisnahen Strategien. Ein kluges und inspirierendes Buch für alle, die sich in komplexen, interkulturellen Ökosystemen erfolgreich bewegen wollen.

Kumar R. Parakala | Vorsitzender von Thriveco, USA, nationaler Bestsellerautor von „Lead to Disrupt"

Vorhang Auf

*Memoiren eines CFOs, sein Blick auf
globale Verbindungen,
Mut zur Entscheidung und interkulturellen
Führungsstil*

JÖRG KORNBLUM

Für meine Frau Annette, meine Töchter Maren und Joana
und meine Eltern
Ohne euch wäre meine Bühne immer leer geblieben.

ISBN (E-Book) 978-3-9828194-8-8
ISBN (Taschenbuch) 978-3-9828194-0-2
ISBN (hcv) 978-3-9828194-1-9

Inhalt

Vorwort

Im Jahr 1997 würde ich meinen 34. Geburtstag feiern. Nicht wirklich etwas, was die Welt bewegen oder für Menschen, die mich nicht persönlich kennen, von besonderem Interesse sein sollte. Es war auch kein Jahr einer Olympiade oder einer Fußballweltmeisterschaft, Ereignisse also, die immer wieder weltweit gefeiert und mit Spannung erwartet werden. Natürlich gab es 1997 dennoch viele Ereignisse, die Menschen weltweit betroffen haben.

Ein Ereignis jedoch war mit Sicherheit in vielerlei Hinsicht von größerer Bedeutung als alle. Es betraf damals mehr als 1,2 Milliarden Menschen. Ich spreche von der Rückgabe Hongkongs an China und dem damit einhergehenden Ende der 99-jährigen englischen Kolonialherrschaft über Hongkong.

Dass dieses Jahr auch für meine Familie und mich ein ganz besonderes Jahr werden sollte, hätte ich mir zuvor nicht träumen lassen. Noch weniger hätte ich mir vorstellen können, dass wir als Familie den Moment des sogenannten „Handovers" vor Ort miterleben sollten.

Wie es dazu gekommen ist und welche Erfahrungen ich in letztlich fast 27 Jahren in Hongkong, China und ganz Südostasien sowohl beruflich als auch privat machen durfte, darüber schreibe ich in diesem Buch.

Meine Erwartungen an meine erste Auslandstätigkeit waren recht bescheiden. Nach allem, was ich zu dem Zeitpunkt über berufliche Karrieren wusste, war es bei großen, international tätigen Unternehmen ein Muss, zumindest einmal für eine gewisse Zeit im Ausland tätig gewesen zu sein. Daher hatte ich schon bei meinem Einstellungsgespräch mein

Interesse an einem zukünftigen Auslandsaufenthalt in einer der Tochtergesellschaften des Unternehmens bekundet. Ich wollte schließlich meine Flexibilität, meine Offenheit und meinen Mut, Unbekanntes zu meistern, demonstrieren. Damit wäre dann ein wichtiger Abschnitt im Lebenslauf abgedeckt, was der weiteren Karriere im Stammhaus zugutekommen würde. Eine einfache Rechnung also: drei bis vier Jahre Entsendung ins Ausland, dann mit dieser Erfahrung im Gepäck ein Treppchen weiter oben wieder in Deutschland einsteigen und die Karriere weiter verfolgen.

Für die Familie, meine Frau und unsere beiden damals noch kleinen Töchter würde das eine gewisse Zeit fernab von Zuhause bedeuten, aber danach würden wir uns sicher schnell wieder in Deutschland einleben.

In keinerlei Weise hätte ich jedoch vor 1997 gedacht, dass Hongkong einmal für die bislang längste Zeit meines Erwachsenenlebens zu meinem und unserem Zuhause werden sollte. Vieles im Leben ist eben nicht planbar, und gleichzeitig sind gerade ungeplante Erfahrungen oft die schönsten.

In diesem Buch blicke ich auf meine ganz eigene Geschichte und meine Erfahrungen aus rund 27 Jahren Leben und Arbeiten in Hongkong zurück. Ich hoffe, dass ich all jenen, die vielleicht selbst gerade mit dem Gedanken spielen, für einen längeren Zeitraum ins Ausland zu gehen, um dort zu leben und zu arbeiten, einen Einblick und eine Vorschau auf das geben kann, was sie unter Umständen erwartet. Ich nehme für mich aber nicht in Anspruch, die Antworten auf alle Fragen eines Lebens im Ausland zu haben. Im Gegenteil: Ich hoffe, deutlich zu machen, dass jede Reise und jede Tätigkeit dieser Art eine ganz individuelle Erfahrung sein wird. Ob und wie man sich darauf einlässt, bleibt jedem selbst überlassen.

Ich hoffe, dass sich der eine oder andere Leser, der selbst schon einmal einen solchen Auslandsaufenthalt mitgemacht hat, in einigen Situationen und bei einigen Eindrücken selbst wiederfindet.

Vor allem aber erhoffe ich mir, dass meine Erlebnisse mit den unterschiedlichsten Menschen und Kulturen den Vorhang zu einer großen, vielfältigen und multikulturellen Bühne für möglichst viele Menschen etwas weiter zu öffnen.

JÖRG KORNBLUM

KAPITEL 1

Am Anfang war das Skifahren ...

„How it all began: Let's go skiing"

Es war ein kalter, jedoch fast wolkenloser Morgen in den Schweizer Bergen in Breil/Brigels, einem kleinen Bergdorf in Graubünden. Ein überschaubares, aber schönes Skigebiet am 2.418 Meter hohen Berg Fil wartete auf mich. Alles deutete auf einen unbeschwerten Skitag auf den Pisten hin. Woher kam also diese ungewohnte Nervosität?

Vor mir standen zwölf Jugendliche im Alter von 10 bis 16 Jahren in ihren bunten Skianzügen, die Ski an den Skischuhen, die Skistöcke locker in den Händen. Einige standen recht still da, andere wiederum erzählten schon vor der ersten Liftfahrt von ihren Künsten auf den zwei schmalen Brettern.

Ich war selbst gerade einmal 16 Jahre alt, kaum älter als die Ältesten in dieser Gruppe, und doch war ich derjenige, der heute nicht neben, sondern vor ihnen stand. Es war mein erster Tag als Skilehrer dieser Gruppe von Jugendlichen. Sie waren alle Teilnehmer einer vom Jugendamt der Stadt Darmstadt organisierten Jugendskifreizeit und ich sollte ihnen nun in den nächsten Tagen einige neue Techniken des Skifahrens beibringen.

Zum Glück blieb mir nicht viel Zeit, darüber nachzudenken, ob diese Truppe auf mich hören würde, wenn wir gleich den Hang in hoffentlich geordneter Weise hinunterfahren würden. Der Skilift hatte pünktlich um 9:00 Uhr geöffnet, sodass wir uns schnell in die Warteschlange am Lift einreihten und hinauf zur Mittelstation fuhren. Dort ließ ich die Jugendlichen in einer Reihe antreten und erklärte ihnen zunächst, welche Schwungtechnik wir heute trainieren würden und wie wir uns als Skigruppe auf der Piste zu verhalten hätten, um weder uns selbst noch andere Skifahrer zu behindern oder gar zu gefährden. Erneut blieb mir nicht viel Zeit, denn alle wollten endlich losfahren. Bevor sich meine Nervosität erneut melden konnte, fuhr ich los, immer mit einem Auge nach hinten gerichtet, um zu sehen, ob mir die Gruppe in meiner Spur folgte und niemand durch einen Sturz den Anschluss verlor.

Damals hätte ich nicht gedacht bzw. war mir nicht bewusst, dass ich hier die erste Lektion in Menschenführung absolvieren würde.

Doch was genau hat Skifahren eigentlich mit Management und Leadership zu tun? Um diese Frage zu beantworten, lassen Sie mich noch einmal ein paar Jahre zurückgehen.

Als kleiner Junge aus dem flachen Hessenland habe ich meine ersten Erfahrungen auf Skiern mit meinem Großvater gemacht. Wir waren in den heimischen Wäldern unterwegs, auf etwa fünf Meter hohen Hügeln und auf einem Schneehaufen, den wir im Garten aufgeschoben hatten.

Später ging es dann mit meinen Eltern im Urlaub in die Berge. Auf die ersten wirklichen Pisten allerdings ohne meine Eltern, die beide keine Skifahrer waren. So kam es dann auch, dass sie mir mit elf Jahren zum ersten Mal ermöglichten, an einer Skifreizeit des Darmstädter Jugendamts teilzunehmen und für zwei Wochen in den Skiurlaub in die Schweiz fahren zu dürfen. An diesen Skifreizeiten nahmen etwa 120 Kinder und Jugendliche im Alter von 10 bis 16 Jahren teil und alle erhielten täglich von 9 bis 12 Uhr und 14 bis 16 Uhr Skiunterricht. Mit zwölf anderen Jungen in einem Zimmer war natürlich immer Chaos angesagt und der regelmäßige Küchendienst wurde mit Zähneknirschen erledigt. Der Skiunterricht, die Hüttenabende und die vielen neuen Freunde, die man kennenlernte, machten die Freizeit jedoch zu einer großartigen Erfahrung. Heimweh kam bei mir nicht auf und meine Begeisterung für das Skifahren wuchs von Tag zu Tag.

Zurück aus dem ersten Urlaub stand für mich fest, dass ich bei der nächsten Skifreizeit wieder dabei sein wollte. Meine Eltern waren fast etwas überrascht, wie begeistert ich war, erlaubten mir aber ohne zu zögern, auch an den folgenden Skifreizeiten teilzunehmen.

Von da an durfte ich jedes Jahr an Weihnachten für knapp zwei Wochen und an Ostern für eine Woche an diesen Skifreizeiten teilnehmen und habe dabei wirklich Skifahren gelernt. Der Leiter dieser Freizeiten war ein qualifizierter Skilehrer. Er hatte immer ein Auge auf talentierte jugendliche Skifahrer und gab ihnen, wenn er Potenzial sah, die Möglichkeit, sich als Hilfsskilehrer von ihm ausbilden zu lassen.

Anscheinend bewies ich genügend Talent, denn ich wurde gemeinsam mit drei anderen, etwas älteren Teilnehmern in sein Trainingsprogramm aufgenommen. Dies entpuppte sich damals schnell als intensive und anstrengende Angelegenheit. Während alle anderen Freizeitteilnehmer nach den täglichen Skikursen in die Quartiere gingen, um sich auf das gemeinsame Abendessen und die Hüttenabende vorzubereiten, mussten wir Hilfsskilehrer sogenannte Idiotenhügel (das sind kleine Hügel, meist ohne Liftanlage) mit unseren Skiern hochstapfen und trainieren. Manchmal hieß das, stundenlang nur eine einzige Schwungtechnik zu üben, wobei jede Fahrt genau beobachtet wurde und die Technik so lange korrigiert wurde, bis sie den Anforderungen des Skilehrers entsprach. Hinzu kamen Lawinenkunde, Theorie zu Schwungtechniken sowie diverse Aufgaben in den Abläufen der Freizeiten, von der Essensausgabe und dem Geschirrspülen bis hin zur Organisation der Spiel- oder Tanzabende, um die 120 bis 140 Teilnehmer bei bester Laune zu halten.

Kurz gesagt: Ohne Schweiß kein Preis.

Wer dieses anspruchsvolle Training durchhielt und schließlich die Prüfung bestand, wurde am Ende mit der Möglichkeit
belohnt, bei den Jugendfreizeiten als Skilehrer mitzufahren
und dabei sogar ein kleines Taschengeld zu verdienen.

Tja, und hier kommt nun tatsächlich der Aspekt des Managements und Leaderships ins Spiel, als mir mit 16 Jahren, wie
eingangs beschrieben, zum ersten Mal eine Gruppe von zwölf
jugendlichen Teilnehmern als Skigruppe anvertraut wurde.
Ich hatte klare Aufgaben, welche Skitechniken ich ihnen
innerhalb der knapp zwei Wochen beibringen sollte. Die Teilnehmer waren in verschiedene Gruppen von vollkommenen
Anfängern bis zu sehr guten, weit fortgeschrittenen Skifah-
rern eingeteilt. Unabhängig davon waren das Teilnehmer im
Alter von 10 bis 16 Jahren. Je nach Entwicklungsstand bedeutete das also, dass man noch recht unsichere und sehr junge
Gruppenteilnehmer sowie auch durchaus halb erwachsene
oder zumindest in der Pubertät schon weit fortgeschrittene
Jugendliche zusammengewürfelt bekam.

Charakterlich war das Spektrum ebenfalls groß: Von sehr
zaghaften und manchmal auch unsicheren Teilnehmern bis
zu denen, die glaubten, schon alles erlebt zu haben, was zu
einer gewissen Selbstüberschätzung führte, war alles dabei.
Natürlich gab es auch die „Easy-Going"-Teilnehmer, die brav
und diszipliniert waren.

Diese bunte und diverse Gruppe von Jugendlichen musste ich
also managen und dabei sicherstellen, dass sie unter meiner
Führung die Pisten heil hinunterkamen und im besten Fall auch
das umsetzen konnten, was ich ihnen beizubringen versuchte.

Bei tollem Schnee und blauem Himmel ist das ein Traumjob,
oder?

Was aber, wenn es heftig schneite, die Sicht schlecht war, die
Kälte keine langen Pausen zuließ oder der Leistungsunterschied
in der Gruppe doch etwas zu groß war und für die einen

manchmal Langeweile aufkam, während die anderen am Rande ihres Leistungsvermögens waren und einfach nicht schneller, besser den Hang hinunterfahren konnten?

Diese ersten Erfahrungen mit Menschenführung haben mich geprägt, denn mir war schon damals die immense Verantwortung bewusst. Einerseits musste ich für die Gesundheit dieser Teilnehmer zu sorgen, andererseits sollten und wollten wir alle natürlich ein Maximum an Spaß und Freude beim Skifahren erleben und es am Ende des Kurses besser beherrschen als zu Beginn. Doch wie verschafft man sich als jemand, der nur ein bis zwei Jahre älter ist als die ältesten Kursteilnehmer den nötigen Respekt und die Autorität, um in den Bergen mit Wetterumschwüngen, unterschiedlichsten Bedingungen und durchaus gegebenen Risiken umzugehen und für die Sicherheit eines jeden einzelnen zu sorgen? Wie motiviert man eine so unterschiedliche Gruppe junger Menschen?

Nun, zuallererst hilft es, wenn man in dem, was man macht, sehr gut ist, also besser Skifahren kann als alle anderen in der Gruppe. Dann muss man seine Teilnehmer mit einer Mischung aus Spaß und Ernst dazu bringen, genauso gut Skifahren lernen zu wollen.

Dazu muss man die Fähigkeiten jedes Einzelnen einschätzen können, das heißt, man muss beobachten und verinnerlichen, was man jedem Schüler abverlangen kann, damit er ausreichend Spaß dabei hat und eben voll motiviert bleibt.

Nur so ist es auch möglich, eine gesunde Balance aus konstruktiver Kritik, entsprechender Anleitung sowie Lob und Aufmunterung zu erreichen. Für mich ist das immer eine notwendige Mischung, um aus jedem einzelnen Teilnehmer das Maximum herauszuholen und damit die besten Ergebnisse zu erzielen.

Ich habe diese Tätigkeit über meine restliche Schulzeit, während des damals in Deutschland noch obligatorischen Militärdienstes und bis zum Ende meines Studiums, also insgesamt rund zehn Jahre lang, ausgeübt. Bei zwei Skifreizeiten pro Jahr, eine über Weihnachten, eine über Ostern, mit jeweils 12–14 Teilnehmern in einer Skigruppe habe ich in diesem Zeitraum also mehr als 250 Kindern und Jugendlichen das Skifahren beigebracht oder ihre Technik verbessert. Dabei habe ich von über 250 Personen gelernt, was es heißt, mit unterschiedlichen Charakteren, Eigenschaften, Begabungen und auch Problemen umzugehen. Eine spannende Erfahrung, die mir zuerst gar nicht so bewusst war, an die ich aber im Laufe meiner beruflichen Laufbahn noch oft denken musste.

Bevor es bei mir jedoch beruflich losgehen konnte, musste ich erst noch mein Studium bewältigen. Da mir die Schule immer leichtgefallen war, konnte ich auch mit einem Arbeitseinsatz, der ausreichend Zeit für Sport, sonstige Hobbys und Freunde erlaubte, ein sehr gutes Abitur erzielen. Dadurch hatte ich dann bei der Suche nach einem geeigneten Studium tatsächlich recht freie Wahl.

Ein Tag der offenen Tür der Technischen Hochschule Darmstadt würde mir hoffentlich zeigen, wohin die studentische Reise gehen sollte.

Sehr angetan war ich von einem Professor der Soziologie und natürlich wollte ich der Gesellschaft auch etwas Gutes tun. Welcher junge Mensch will das nicht? Nur wies besagter Professor am Ende seines Vortrags darauf hin, dass die Chancen auf einen vernünftig bezahlten Arbeitsplatz nach einem Studium der Soziologie leider sehr gering seien. Also schien mir doch ein naturwissenschaftliches Studium, zumindest hinsichtlich der späteren Berufsaussichten, deutlich mehr zu bieten. Mein Vater war selbst Maschinenbauingenieur, also war das doch eine klare Option, oder? Allerdings wollte ich mich nicht auf einen Bereich festlegen und entdeckte einen damals noch relativ neuen Studiengang: das Wirtschaftsingenieurwesen. Diesen konnte man damals an der Technischen Hochschule in Darmstadt (heute Technische Universität Darmstadt) mit den Schwerpunkten Maschinenbau, Elektrotechnik oder Informatik studieren. Mein Hintergedanke dabei: Die Kombination eines betriebswirtschaftlichen Studiums mit einer technischen, naturwissenschaftlichen Fachrichtung würde mir sicherlich die Türen sowohl in Richtung allgemeines Management als auch in Richtung technisch orientierter Berufe öffnen. Dass dieser Simultanstudiengang eine etwas größere Zahl an Mindestsemestern abverlangen würde, machte ihn eigentlich noch attraktiver, denn das bedeutete auch, dass ich in den Semesterferien viel Zeit zum Skifahren und für meine anderen Hobbys haben würde. Kurz kam diese Entscheidung noch einmal ins Wanken, als mir auch ein Studium der Rechtswissenschaften an der Universität Gießen angeboten wurde. Letztlich hatte mich das Wirtschaftsingenieurwesen jedoch am meisten überzeugt und gereizt.

Nachdem ich meinen Wehrdienst absolviert hatte, ging es also zum Studium. Natürlich dachte ich, dass es ähnlich wie in der Schule laufen würde: Mit begrenztem Arbeitsaufwand, viel Zeit für Hobbys und natürlich Skifahren, wann immer möglich.

Das war meine erste größere Fehleinschätzung, denn erstens waren die Anforderungen in allen Fächern von Beginn an sehr hoch und zweitens musste ich feststellen, dass andere Kommilitonen mir in einigen Gebieten voraus waren. Das lag unter anderem daran, dass die einzelnen Bundesländer Deutschlands ihre jeweilige Erziehungs- und Lehrvollmacht haben und das Abitur in Hessen mit dem Abitur in Bayern nicht wirklich in allen Fächern mithalten konnte. Das kam besonders in den naturwissenschaftlichen und mathematisch anspruchsvollen Vorlesungen sehr schnell zum Tragen.

Konsequenterweise musste ich also den eigenen Arbeits- und Lerneinsatz deutlich nach oben schrauben und Abstriche bei meiner Freizeit machen. Das mag für den einen oder anderen jetzt vielleicht etwas überheblich klingen, aber so ist das nicht gemeint. Tatsache ist, dass ich damit zu kämpfen hatte und diese erste Erfahrung mit Gegenwind und Widerständen zu einer guten Lektion für mich wurde. Das Leben, ob privat oder beruflich, ist eben keine Einbahnstraße für persönlichen Erfolg und besteht nicht nur aus positiven Erfahrungen.

„Let's go skiing" hieß es dennoch häufig und nicht nur als Skilehrer mit den Jugendfreizeiten, sondern oft auch kurzentschlossen über ein langes Wochenende mit Freunden und Kommilitonen. Die eine oder andere Vorlesung musste dann eben ausfallen, den Lehrstoff würde man sicher einfach nachholen können. Das erklärt wohl auch, warum ich für mein Studium 13 Semester anstelle der eigentlich vorgesehenen 12 Semester bis zum Diplomabschluss benötigte.

Nun war es an der Zeit, sich Gedanken über den Berufseinstieg zu machen. Im selben Jahr, 1991, gab es auch privat ein wichtiges und bedeutendes Ereignis, denn ich heiratete die Liebe meines Lebens. Meine Frau Annette und ich wussten damals natürlich nicht, wohin uns das Leben und der Beruf noch verschlagen würden und welche Herausforderungen auf uns warteten. Wir waren uns jedoch sicher, dass wir gemeinsam alles bewältigen würden.

Wie wichtig und gut eine gegenseitige Unterstützung wirklich ist, wurde uns bis heute immer wieder besonders bewusst, wenn Dinge einmal nicht wie erwartet verliefen. Auch im Privatleben ist ein Team immer stärker als eine Person allein.

KAPITEL 2

Berufseinstieg und erste Lehrjahre

Bereits Anfang der 90er-Jahre war es durchaus kein Selbstläufer, dass ein erfolgreicher Studienabschluss automatisch auch den ersten Traumjob nach sich zog. Ich denke allerdings, dass das heute noch um ein Vielfaches schwieriger geworden ist. Die Vielzahl der Studiengänge sowie die sehr viel häufigeren und inzwischen fast schon üblichen außerschulischen Aktivitäten, Praktika, Auslandsschuljahre etc. machen ein erfolgreich abgeschlossenes Studium zwar nicht zu einem geringwertigen Faktor, aber nur zu einem von vielen, die über die Einstellung entscheiden.

So gesehen war ich mit den Tätigkeiten als Skilehrer und Gruppenleiter von Jugendskifreizeiten meiner Zeit ja schon etwas voraus. Und tatsächlich wurde dies auch bei meinen Bewerbungsgesprächen schon damals sehr positiv bewertet. „Tue etwas Gutes und sprich darüber" ist auf alle Fälle ein guter Rat.

Dennoch kam es für mich etwas überraschend und ich empfand es als eine Ungerechtigkeit, dass ich auf meine 15 bis 20 Bewerbungsschreiben nur fünf oder sechs ernstzunehmende Antworten und Einladungen zu Bewerbungsgesprächen erhielt. Nun gut, dann würde ich eben dort glänzen.

Den ersten Bewerbungsgesprächen folgte dann schon bald die Einladung zu einem dreitägigen Assessment-Center bei Unilever in Hamburg. Na also, dachte ich, jetzt sind wir auf der richtigen Schiene angekommen. Was folgte, war eine großartige

Erfahrung, denn ich schaffte es tatsächlich, die ersten beiden Tage des Assessments zu überstehen, und stand am dritten Tag mit nur einer Handvoll anderer Teilnehmer in der engeren Auswahl. Zwei von fünf Teilnehmern erhielten prompt einen Einstellungsvertrag und mir sagte man mit einem freundlichen Lächeln, dass ich auf Platz drei der Auswahl sei und daher dieses Mal leider kein Angebot erhalten könne. Ja, es ist schon so, dass man sich auch an kleine Niederlagen und Rückschläge erst einmal gewöhnen muss.

Glücklicherweise hatte ich jedoch nicht viel Zeit, Selbstzweifel an meinem aus meiner Sicht überzeugenden Lebenslauf und meinen Qualifikationen zu entwickeln. Denn schon einen Tag nach meiner Rückkehr vom Assessment-Center stand das erste Bewerbungsgespräch bei der Unternehmensgruppe Freudenberg an. Nach einem kurzen Gespräch mit der dortigen Personalabteilung empfing mich dort mit Herrn Dr. Ackermann ein recht jung aussehender, nur wenige Jahre älterer Abteilungsleiter der Abteilung Unternehmensplanung, Berichtswesen und Marktinformation. Von Beginn an hatten wir beide einen guten Draht zueinander und waren uns sympathisch, was ein nicht zu unterschätzender Faktor ist.

Er suchte nach jungen Universitätsabsolventen, die in der Unternehmensplanung jeweils einem Geschäftsbereich der Unternehmensgruppe zugeordnet wurden. Diese sollten dann in Controlling- und Planungsaufgaben unterstützt werden. Hinzu kam die Chance, Auswertungen und Projektarbeiten nicht nur mit dem jeweiligen Top-Management der einzelnen Sparten, sondern auch mit den Vorstandsmitgliedern der Unternehmensleitung zu diskutieren. Eine solche Chance, schon sehr schnell im ersten Job so nah an den Entscheidungsträgern eines Unternehmens zu sein, gibt es sicher nicht oft, also war ich Feuer und Flamme.

Auch bei ihm hatte das erste Gespräch einen positiven Eindruck hinterlassen. Kaum war ich zu Hause angekommen, erhielt ich einen Anruf der Personalabteilung, ob ich denn nochmals zu einem zweiten Gespräch vorbeikommen könnte. Ohne zu zögern, sagte ich zu und erhielt mit dem zweiten Gespräch auch schon ein Vertragsangebot, das ich annahm. Nur wenige Wochen später hatte schon ich meinen ersten Arbeitstag bei Carl Freudenberg, dem Stammhaus der Unternehmensgruppe im schönen Weinheim.

Meine ersten „Lehrjahre" verbrachte ich dann mit einem Fokus auf die Automobilzulieferindustrie und dem dafür in Europa und den USA tätigen Geschäftsbereich der Dichtungs- und Schwingungstechnik sowie dem Bereich des technischen Handels. Ob mein Schwerpunkt des Maschinenbaus im Rahmen meines Studiums dafür ausschlaggebend war, dass ich gerade diese Geschäftsbereiche zugewiesen bekam, kann ich nicht sagen, da letztlich keine technischen Aufgaben zu bewältigen waren. Die Arbeit war abwechslungsreich und ich empfand den Führungsstil meines ersten Vorgesetzten, der Aufgaben definierte und delegierte und dann Eigeninitiative und Verantwortung für die jeweiligen Projekte erwartete, als sehr motivierend.

Der übliche Werdegang der jungen Mitarbeiter dieser Abteilung war, dass sie nach zwei bis drei Jahren in einen der Geschäftsbereiche wechselten, sofern dort entsprechender Bedarf im Finanz- und Controllingbereich bestand.

Umso überraschter war ich, als mir Herr Dr. Ackermann nach etwa zwei Jahren mitteilte, dass er die Abteilungsleitung aufgeben müsse, da ihm die Geschäftsführung eines Geschäftsbereichs der Gruppe angeboten worden war und er diese Chance wahrnehmen wollte. Im gleichen Atemzug fragte er mich, ob ich mir zutrauen würde, seine Nachfolge als Leiter der Abteilung Unternehmensplanung/Berichtswesen anzutreten. Die Abteilung setzte sich zu diesem Zeitpunkt weiterhin aus den drei Bereichen Unternehmensplanung, Berichtswesen und Marktinformation zusammen und beschäftigte insgesamt 16 Mitarbeiter. Ohne zu zögern, sagte ich zu und betonte, dass es mir eine Freude und Ehre wäre, seine Nach-folge anzutreten.

Auf dem Weg nach Hause kamen mir dann allerdings die ersten Zweifel, ob ich das denn überhaupt schaffen könnte. Bis auf wenige Ausnahmen waren alle Mitarbeiter älter als ich und selbst diejenigen, die etwas jünger waren, hatten schon einige Jahre mehr an Berufserfahrung vorzuweisen. Würde ich den Ansprüchen gerecht werden können und würde ich als neuer Chef der Abteilung akzeptiert werden? Der Teamleiter des Berichtswesens, Herr Walter, war ein alter Hase, damals schon seit vielen Jahren in der Position und äußerst souve-rän. Würde er es akzeptieren, wenn man einen so jungen Frischling, der erst seit zwei Jahren im Unternehmen tätig ist, zu seinem Vorgesetzten machen würde? Ich selbst hätte den Funktionsbereichsleiter Betriebswirtschaft als direkten Vorgesetzten, der wiederum direkt an das für den gesam-ten Finanzbereich der Unternehmensgruppe zuständige Vorstandsmitglied berichtet hätte. Somit würde ich es häufig mit dem Top-Management des Unternehmens zu tun haben und auch dort Rede und Antwort stehen müssen. War ich dem gewachsen?

Fragen über Fragen, die wohl jeden, dem eine solche Beförderung und Chance geboten wird, beschäftigen. Ich glaube allerdings auch, dass es durchaus sinnvoll ist, sich sol-che Fragen zu stellen und diese für sich möglichst realistisch zu beantworten. Nicht, dass ich übervorsichtig oder ängstlich wäre, aber ein gesunder Respekt vor gewissen Anforderun-gen und eine ehrliche Einschätzung der eigenen Fähigkeiten sind gute Ratgeber. Das gilt auch für jede Sportart oder jedes Hobby, das man ausübt. Ob beim Wandern in den Bergen, zur See, beim Motorradfahren oder eben auch beim Skifahren, es empfiehlt sich, diesen Ratgebern zuzuhören und nicht vor Selbstüberschätzung strotzend ins Unglück zu laufen.

Nun kommen tatsächlich das Skifahren und meine Tätigkeit als Skilehrer bei Jugendfreizeiten ins Spiel. Musste ich nicht auch dort eine Gruppe von bis zu 14 Teilnehmern managen? Musste ich nicht auch dort Wege und Mittel finden, um diese Gruppe zu motivieren und Ziele zu erreichen? War ich nicht auch dem Leiter der Skifreizeiten und mehr noch den Eltern aller Teilnehmer in meiner Gruppe gegenüber verantwortlich für ihre Kinder?

Auf einmal erschien es mir absolut machbar, nun eben mit 16 erwachsenen Mitarbeitern und deren 16 verschiedenen Charakteren umzugehen. Ich würde einen Weg finden, sowohl mit den Stilleren, die in der Regel folgsamer sind, als auch mit den Lauteren, die von sich selbst höchst überzeugt sind und häufig herausfordernd agieren. Meine Frau erwartete mich an diesem Abend zu Hause. Als ich sie fragte, ob ich das wirklich schaffen würde, antwortete sie ohne zu zögern mit „Natürlich schaffst du das und meine Unterstützung hast du sowieso". Das klingt vielleicht wie eine Plattitüde, aber das war ganz sicher der notwendige letzte Schubs, den ich brauchte und den ich in meiner späteren beruflichen Karriere noch das eine oder andere Mal von ihr hören durfte.

Gesagt, getan: Ich nahm die Stelle als Abteilungsleiter an. Sofort durfte ich mich um wesentliche Änderungen bezüglich der operativen Planung der Geschäftsbereiche kümmern. Außerdem war ich für die notwendige Straffung und Beschleunigung des monatlichen Berichtswesens für die Unternehmensleitung sowie für die Vorbereitung von Umsatz- und Ergebniskommentierungen und deren Diskussion im Unternehmensvorstand verantwortlich. Hinzu kamen immer wieder projektbezogene Aufgabenstellungen mit den Geschäftsbereichen, für die ich die geeignetsten Mitarbeiter auswählen und zuordnen musste. Gerade dabei wurde mir schnell bewusst, wie unterschiedlich die jeweiligen Mitarbeiter waren. Fachlich waren alle sehr gut qualifiziert aber in Bezug auf die Eigeninitiative und -verantwortung gab es große Unterschiede. Diese Unterschiede musste ich berücksichtigen, um meine Mitarbeiter nicht mit dem falschen Projekt oder auch dem falschen Gesprächspartner in den

Geschäftsbereichen zusammenzubringen. Oft wurde unsere Stabsabteilung von den Geschäftsbereichen auch kritisch gesehen. Schließlich hatten gerade unsere jungen Mitarbeiter, Studienabgänger wie ich, keine praktische Erfahrung und man musste sich das Ansehen und damit auch das Vertrauen der Kollegen aus den Geschäftsbereichen erst verdienen. Nur dann wurde man akzeptiert und bei der Aufgabenbearbeitung ernst genommen. Um wieder einmal das Skifahren als Beispiel heranzuziehen: Es macht keinen Sinn, einen Skianfänger, selbst wenn er glaubt, schon ein echter Könner zu sein, eine schwarze Piste hinunterzuschicken. In aller Regel endet so etwas nicht gut.

Mit der Truppe der Unternehmensplanung hatte ich von Beginn an ein gutes Gefühl, ich war ja schließlich bis vor Kurzem einer von ihnen gewesen.

Anders war es beim Berichtswesen. Herr Walter, der Leiter dieser Unterabteilung, war wie gesagt schon lange im Geschäft, ebenso seine fünf Mitarbeiter, von denen drei wie er in der Altersgruppe ab Ende 40 lagen. Ich hatte die Zielsetzung erhalten, die Berichtsroutinen deutlich zu straffen und die Berichterstattung qualitativ zu verbessern und zu modernisieren. In einem solchen Fall ist Fingerspitzengefühl von großer Bedeutung. Selbst wenn man sich sicher ist, zu wissen, wie man das erreichen kann und was geändert werden muss, ist es nur dann umsetzbar, wenn man die Unterstützung eines jeden Einzelnen bekommt. Auch wenn uns Deutschen weltweit die Reputation vorauseilt, dass wir immer „Straight Forward", also offen und direkt mit unseren Anliegen sind, habe ich gelernt, dass gerade auch hier eine diplomatische Vorgehensweise sehr viel schneller und besser zu Ergebnissen führt. Der Schlüssel zu erfolgreicher Teamarbeit besteht darin, die Balance zwischen der Rolle als Vorgesetzter und der Bereitschaft, die Erfahrung und die Ideen dieser erfahrenen Mitarbeiter anzunehmen und miteinzubeziehen, zu finden.

Die dritte Unterabteilung der Marktinformation war schon immer ein wenig für sich allein tätig und wie einige erfolgreiche Fußballtrainer zu sagen pflegen: „Never change a winnig team." Dadurch lässt sich diese Gruppe auch gut an der langen Leine führen.

Meine erste Aufgabe als Vorgesetzter war die Einschätzung der jeweiligen Leistungsfähigkeit der Unterabteilungen, der dortigen Teamleiter (soweit vorhanden) und der einzelnen Mitarbeiter. Das erinnerte mich schon wieder stark an die jeweils ersten Stunden mit einer neuen Skigruppe und die Einschätzung des jeweiligen Leistungsstands meiner Skischüler. Erst danach war ich in der Lage, Prioritäten zu setzen und die Aufgaben an die am besten dafür geeignete Person oder ein Team zu delegieren, während ich gleichzeitig die Motivation jedes Einzelnen hochhielt. Trifft man die Kombination richtig, dann führt dies nicht nur zu ausgezeichneten Ergebnissen, was die Aufgabe selbst angeht, sondern auch zu einer engagierten Truppe von Mitarbeitern, die durch eigene Erfolgserlebnisse in ihrer Karriere weiterkommen.

Unabhängig von der Führungsposition sind es letztlich die Mitarbeiter, die für den Erfolg oder Misserfolg ihres Vorgesetzten und damit der Abteilung oder auch des Unternehmens verantwortlich sind. Ohne sie ist Erfolg nicht möglich, es sei denn, man bräuchte gar keinen einzigen Mitarbeiter.

Ich bin der festen Überzeugung, dass die Förderung und Motivation der Mitarbeiter für einen Vorgesetzten höchste Priorität haben muss. Wenn ich mich recht erinnere, hat Richard Branson zu diesem Thema einmal gesagt, dass man seine Mitarbeiter so gut ausbilden und fördern muss, dass sie ohne Weiteres bei anderen Arbeitgebern eine Stelle finden würden, man sie aber so gut behandelt und motiviert, dass sie im Unternehmen bleiben möchten. Diese Ansicht teile ich gerne, auch wenn es völlig normal ist, dass sich der eine oder andere Mitarbeiter auch einmal in einem anderen Unternehmen beweisen und weiterentwickeln möchte. Tatsächlich habe ich eine erstaunlich hohe Anzahl von Fällen erlebt, in denen gute Mitarbeiter die Firma verließen, um nach einigen Jahren mit mehr Wissen und Erfahrung wieder zurückzukommen und teils wichtige Funktionen zu übernehmen.

Meine Position brachte zudem eine weitere Aufgabe mit sich. Der Leiter der Unternehmensplanung/des Berichtswesens hatte traditionell die Zusatzfunktion als Assistent des Vorstandssprechers zu fungieren. Diese Funktion erlaubte es mir, sehr früh an diversen Vorstandssitzungen teilzunehmen, nicht unbedingt als aktiver Teilnehmer, sondern in der Regel als Protokollant. Das führte in der Jahresendphase während der Vorstellung und Genehmigung der Planungen der Geschäftsbereiche zwar zu ganztägigen Vorstandssitzungen und anschließend zu nächtelangen Arbeiten, damit ich dem Vorstandssprecher die jeweiligen Protokollentwürfe am nächsten Morgen vorlegen konnte. Dafür erhielt ich aber einen hautnahen Crashkurs in der Entscheidungsfindung auf Top-Managementebene. Zudem bekam ich einen fantastischen Überblick über das Gesamtunternehmen. Die jeweiligen Geschäftsbereichsleiter zeigten unterschiedliche Fähigkeiten und Strategien in ihren Präsentationen, die vom Vorstand in manchen Fällen auch einmal sehr kritisch und direkt auseinandergenommen wurden. Am Ende kochen also auch Top-Manager nur mit Wasser. Das war eine wichtige Erkenntnis für mich.

Kaum hatte ich mich in dieser Rolle etabliert und das Führen der 16 unterschiedlichen Charaktere für meine Begriffe ordentlich gemeistert, gab es nach rund zwei Jahren infolge einer umfassenden Umstrukturierung des Unternehmens, mit der die operativen Geschäftsbereiche und die Zentralfunktionen weitestgehend verselbstständigt werden sollten, eine erneute Wendung. Aufgrund der engen Zusammenarbeit meiner Abteilung und mir selbst mit der Unternehmensleitung und dem Vorstandssprecher war ich von Beginn an in die Planung und Umsetzung dieser Umstrukturierung involviert. In dieser Zeit kam es aus Altersgründen auch zu einer

Neubesetzung der Position des Vorstandssprechers. Herr Dr. Dr. Bettermann trat ins Unternehmen ein und übernahm die Position des Vorstandsvorsitzenden und -sprechers von Herrn Dr. Freudenberg. Meines Wissens war dies das erste Mal, dass diese Top-Position mit einem Nicht-Familienmitglied besetzt wurde. Zudem kam mit Herrn Dr. Dr. Bettermann jemand von einem deutlich größeren Konzern in die Unternehmensgruppe, und mit ihm auch neue Ansätze und Ideen. Das empfand ich einerseits als sehr herausfordernd, andererseits aber auch als erneuten Glücksfall. So hatte ich die Möglichkeit, wieder viel Neues zu lernen.

Im Rahmen der Umstrukturierung wurde mir die Leitung des neu gegründeten Teams für Planung und Kontrolle der Geschäftsbereiche Faservliesstoffe, Spinnvliesstoffe und Freudenberg Haushaltsprodukte zugeteilt. Zunächst hatte ich mit diesem Wechsel etwas zu kämpfen, denn ich empfand es erst einmal als eine gewisse Rückstufung. Nach zwei Jahren mit Personalverantwortung für 16 Mitarbeiter war ich nun „nur" Teamleiter eines doch sehr kleinen Teams. Ich glaube, wir waren zu viert. Herr Dahlström war das für diese Geschäftsbereiche zuständige Vorstandsmitglied. Ein Manager mit langjähriger Erfahrung, weltgewandt und kompetent, und so reihte sich ein weiterer Mentor in die Liste der Personen ein, die mich gerade in diesen ersten Berufsjahren sehr geprägt haben. Schnell wurde mir daher auch deutlich, dass dies eben keine Rückstufung, sondern im Gegenteil eine Chance war, mich mit nun sehr viel operativeren Projekten zu befassen und an Entscheidungen mitzuwirken, die bald zu positiven oder negativen Ergebnissen, also zu Gewinn oder Verlust, führen würden.

Ich musste meine Teammitarbeiter nun etwas anders führen und fordern. Während ich in meiner früheren Abteilungsleitung hauptsächlich für eine reibungslose Umsetzung, pünktliche Berichterstattung und Zuarbeit zu diversen Geschäftsbereichs- oder Zentralfunktionsprojekten verantwortlich war und meine Mitarbeiter dahingehend motivieren musste, ging es nun um ganz handfeste Themen mit sofortiger Auswirkung auf die

Performance der Bereiche. Das bedeutete einen viel höheren Druck für meine Mitarbeiter und mich selbst. Die Frage war, wie man mit dem Druck umgeht und wie man sein Team motiviert, dass es konstant Höchstleistungen abruft. Mein Weg und auch meine Empfehlung ist es, dabei sehr transparent und offen zu sein, auch einmal die eigene Frustration zu erklären und den Mitarbeitern nach Möglichkeit die Chance zu geben, ihre Arbeit zu präsentieren und diese auch anerkannt zu sehen. Wir alle freuen uns über Lob, das motiviert mehr als nur auf die jährliche Gehaltserhöhung zu warten – falls es diese überhaupt gibt.

Zurück zu meinem Lernprozess: Nach wie vor war dies eine Zeit des Lernens für mich. Merger & Acquisition (M&A) war eines der Aufgabengebiete, die ich mit meinem Team begleiten durfte. Ich erinnere mich gut an die Akquisition eines italienischen Unternehmens und die Verhandlungen mit den Eigentümern an ihrem Stammsitz in der Nähe von Mailand. Gemeinsam mit dem Geschäftsbereichsleiter Faservliesstoffe und einem weiteren Kollegen der Beteiligungsverwaltung hatte ich das Vergnügen, fast einen ganzen Tag mit dem Sohn des Gründers dieser Firma und seiner Schwester zu verhandeln. Sie waren im Unternehmen als Chief Executive Officer (CEO) bzw. Chief Financial Officer (CFO) tätig.

Die Frage ist nun aber: Wird in Italien so verhandelt, wie wir es aus Deutschland gewohnt sind? Also zwischen den Verhandlungsteilnehmern, die darüber diskutieren, ob und wie ein Vertrag zustande kommen kann, und die dann auch autorisiert sind, einen Abschluss zu erzielen? Oder gibt es innerhalb Europas diesbezüglich große Unterschiede? Die Antwort ist ein deutliches „JA".

Die wesentlichen Fragen waren bereits diskutiert und die genannten Verhandlungsteilnehmer in der Lage, dies zu beurteilen und eine Entscheidung zu treffen. In einem italienischen Familienunternehmen ist es jedoch selbstverständlich das Familienoberhaupt, in diesem Fall der sicherlich über 80 Jahre alte Vater, der die Entscheidung fällen wird. In aller italienischer Freundlichkeit wurde uns also mitgeteilt, dass wir zwar durchaus Chancen auf einen Vertragsabschluss hätten, der Vater aber zunächst ins Bild gesetzt werden müsse, um seinen Kindern und uns seine und damit die finale Entscheidung mitteilen zu können. Nicht, dass ein deutsches Familienunternehmen nicht auch das eigene Familienoberhaupt in solch wichtigen Dingen befragen und entscheiden lassen würde, aber dann hätte diese Person von Beginn der Verhandlungen mit am Tisch gesessen. Unterschiedliche Länder haben nun einmal unterschiedliche Kulturen und Gepflogenheiten und es empfiehlt sich daher, diese mindestens genauso gut zu studieren und zu verstehen wie Finanzberichte, strategische Ausrichtungen, Marktstellungen, Unternehmensbewertungen, potenzielle Synergien usw. Denn letztlich gilt: Auch kulturell muss man zusammenpassen bzw. zusammenfinden. Und nebenbei erwähnt: Das Unternehmen zählt auch heute noch zur Unternehmensgruppe Freudenberg und hat sich in dieser Zeit erfolgreich weiterentwickelt.

Zu dieser Zeit konnte ich bei Besuchen von Tochtergesellschaften in den USA und Asien auch erste Erfahrungen sammeln. Dadurch fühlte ich mich wie ein international agierender Manager. In solchen Momenten tut es einem gut, etwas auf den Boden der Tatsachen zurückgeholt zu werden.

In meinem Fall war das die Situation, in der mir ein Geschäftsbereichsleiter die Position des Head of Controlling in einer amerikanischen Tochtergesellschaft in North Carolina anbot. Ich fühlte mich sehr geschmeichelt und mit meiner Frau hatte ich den Support, eine Stelle im Ausland anzunehmen. Unsere beiden Töchter waren noch sehr klein und wir waren bereit für diese Herausforderung. Zudem galten die USA damals für viele noch als das Land der unbegrenzten Möglichkeiten. Nichts sprach somit gegen diese Entscheidung.

Das dachte ich zumindest, denn kurz nachdem ich das Vertragsangebot vorliegen hatte, wurde ich von der Sekretärin

unseres Vorstandssprechers zu einem Termin mit ihm eingeladen. Klar, er wollte mir sicher zu diesem Schritt alles Gute
wünschen und mir vielleicht noch ein paar wertvolle Tipps mit
auf den Weg geben. Aber weit gefehlt, kaum hatte ich sein
Büro betreten, da erklärte er mir in wenigen, aber dafür deutlichen Worten, dass dieser Wechsel überhaupt nicht infrage
käme. Er habe dem Geschäftsbereichsleiter bereits mitgeteilt,
dass ich für diesen Posten nicht zur Verfügung stehen würde.
Im ersten Moment wusste ich gar nicht, was ich sagen sollte,
und alle meine Träume vom nächsten Karriereschritt schienen
geplatzt zu sein. Ich hatte gerade eine abrupte Bruchlandung
hingelegt.

Doch oft kommt es dann doch anders als man denkt. Herr Dr.
Dr. Bettermann nahm sich nun die Zeit, mir zu erläutern, warum
er hier eingegriffen hatte: Er fand eine Position als Head of
Controlling in besagter Tochtergesellschaft zu einseitig und
meinte, er würde mich gerne in einer breiter aufgestellten
Position sehen und es würde sich sicherlich schon bald eine
geeignetere Position ergeben.

Wie eben üblich bei einem Wechselbad der Gefühle war
meine Stimmung umgehend wieder sehr viel besser und
ich kehrte zunächst zu meinen laufenden Aufgaben zurück.
Aus dieser Erfahrung habe ich gelernt, dass man auch bei
aller Euphorie über mögliche Chancen zunächst immer alle
Vor- und Nachteile abwägen und vor dem nächsten Sprung
ins kalte Wasser zumindest die Wassertiefe und Strömung
berücksichtigen sollte.

KAPITEL 3

Vorhang auf

Einige Monate gingen ins Land und ich hatte mich mehr und mehr in die Geschäfte der Vliesstoffgruppe eingearbeitet, als eine neue Option für eine potenzielle Auslandsentsendung aufkam.

In Taiwan wurde ein General Manager für eine Tochtergesellschaft der Spinnvliesstoffe gesucht, der die Verantwortung für die kommerziellen Funktionen in dieser Gesellschaft übernehmen sollte. Der damalige Präsident und Gesamtgeschäftsführer der Tochtergesellschaft war Herr Köhler, der zum damaligen Zeitpunkt bereits seit sieben Jahren in Taiwan lebte und die Gesamtverantwortung für die dortige Gesellschaft innehatte. Taiwan kannte ich bis dahin nur von ein oder zwei kurzen Geschäftsreisen, bei denen man freundlich am Flughafen empfangen, ins Hotel oder ins Büro gebracht wurde und mit den Kollegen vor Ort nach den Meetings noch ein angenehmes und gutes Abendessen in gehobenen Restaurants genießen durfte. Wie aber würde das Leben für mich und meine Familie dort im Alltag aussehen? Waren wir abenteuerlustig genug, um mit unseren vier und ein Jahr alten Töchtern in ein Land zu ziehen, dessen Sprache wir nicht beherrschten und in dem auch im öffentlichen Bereich Englisch nicht wirklich allgegenwärtig war? Ich muss zugeben, dass ich davor ein wenig zurückschreckte.

Ich traf Herrn Köhler zu einem ausführlichen Gespräch, um diverse Fragen zu stellen und um generell noch mehr über die Position und ihre Aufgaben zu diskutieren. Ohne Zweifel war dies eine Stelle, die mir in vielen Punkten zusagte. Letztlich war aber der Gedanke an meine noch junge Familie, die sich in einer doch sehr chinesisch geprägten Umgebung ohne entsprechende Sprachkenntnisse zurechtfinden müsste, ein Argument, dieses Angebot auszuschlagen. In unserem sehr freundlichen und informativen Gespräch sprachen wir auch über die allgemeinen Erfahrungen, die man aus einem Auslandsaufenthalt ziehen kann. Eine Bemerkung von ihm ist mir dabei bis heute nicht nur in Erinnerung geblieben, sondern hat auch meine Sichtweise auf viele Dinge beeinflusst.

„Herr Kornblum, Sie haben bislang einen sehr guten Karriereweg beschritten und sind sicherlich auch der Meinung, dass Sie Ihren Weg weltoffen und international denkend, beruflich wie auch privat beschreiten. Doch erst, wenn Sie wirklich einmal über einen längeren Zeitraum im Ausland gelebt und gearbeitet haben, wird sich ein Vorhang öffnen, den Sie bislang gar nicht bemerkt haben. Ihre Sichtweise wird dann weit über nationale Grenzen und Kulturen hinausgehen."

Seit diesem Gespräch vor vielen Jahren habe ich oft an diese Sätze denken müssen. Sie haben sich zu 100 % bewahrheitet.

Die Erfahrungen, die man macht, wenn man sich auf ein Leben in einem anderen Land, einer anderen Kultur und mit einer anderen Sprache einlässt, sind eine unglaubliche Bereicherung für die eigene persönliche Entwicklung. Sie erlauben eine andere Sichtweise, die den Bühnenvorhang weiter aufgehen lässt und damit auch den Blick auf vieles öffnet, das sonst verborgen bleibt.

Mein persönlicher Bühnenvorhang öffnete sich aber zunächst nicht in Richtung Taiwan, sondern in Richtung Hongkong.

Kurz nachdem ich mich gegen die Position in Taiwan entschieden hatte, stand im Geschäftsbereich Faservliesstoffe in der für China und Südostasien verantwortlichen Vertriebsorganisation für Einlagestoffe (ein Produkt, das zur Herstellung von einer Vielzahl von Bekleidungsteilen notwendig ist) in Hongkong die Neubesetzung des Postens als General Manager an. Das Aufgabengebiet des General Managers dort umfasste alle kaufmännischen Funktionen von Buchhaltung und Controlling, Verwaltung, Personal, IT, Logistik und Lager. Berichtet wurde an den Managing Director der Gesellschaft. Die direkte Personalverantwortung am Standort in Hongkong belief sich auf knapp 100 Personen. Hinzu kam die regionale Verantwortung für die kaufmännischen Bereiche in den Büros und Tochterunternehmen in China, Südkorea, auf den Philippinen, in Thailand, Taiwan, Indonesien, Sri Lanka und etwas später dann auch in Indien.

Hongkong ist eine einzigartige Stadt mit vielen Facetten und ein Schmelztiegel der Kulturen. Mehr als 150 Jahre lang war sie britische Kolonie und 1997 wurde sie schließlich wieder an China übergeben. Sie ist die Heimat von Bruce Lee, der „duftende Hafen", Finanzmetropole und Tor zu China. Es gibt Hunderte Kilometer Wanderwege durch die Berge und zu den Stränden, Fischerdörfer und Hochhausschluchten, Rikschas und Rolls-Royce, East meets West, Michelin Star Restaurants und Dai Pai Dongs, Handelsmetropole und Frachthafen. Die Aufzählung könnte fast endlos weitergeführt werden.

Natürlich sieht man als Tourist oder Geschäftsreisender davon nur einen sehr kleinen Teil und setzt damit den Rest von Hongkong gleich. Das wird dieser Stadt jedoch nicht gerecht.

Noch bevor ich den Entsendungsvertrag nach Hongkong unterschrieben hatte, ermöglichte es mir mein Arbeitgeber, zusammen mit meiner Frau für einige Tage nach Hongkong zu fliegen. Ziel dieser Reise im Januar 1997 war es einerseits, dass ich mich meinem potenziellen späteren Vorgesetzten und seinem Management vorstellen konnte, und andererseits, dass wir uns als Familie mit zwei kleinen Kindern, die damals zwei und fünf Jahre alt waren, einen Eindruck von der Stadt verschaffen konnten, um zu entscheiden, ob wir uns einen für drei Jahre geplanten Aufenthalt dort vorstellen können. Zum ersten Teil: Der Managing Director und verantwortliche Leiter von Freudenberg & Vilene International Ltd. (FVI) mit Hauptsitz in Hongkong war ein Schweizer namens Urs Heggli. Sein Vater war bereits seit Jahrzehnten durch eine Vertriebsgesellschaft mit der Unternehmensgruppe Freudenberg verbunden. Er selbst fand seinen Weg nach Hongkong bereits Ende der 70er-Jahre. Zum damaligen Zeitpunkt gab es FVI noch nicht, weshalb er zunächst in der Firma der japanischen Partner von Freudenberg, der Japan Vilene Company, als Entsandter aus Europa arbeitete. Nach kurzer Zeit stellte er jedoch fest, dass sich die japanischen Kollegen fast ausschließlich auf japanische Kunden konzentrierten und damit große Expansionsmöglichkeiten vergaben. Ein heute kaum vorstellbarer Prozess startete: Urs (ich darf ihn beim Vornamen nennen, da wir schon bald und bis heute sehr gut befreundet sind) schlug dem deutschen Stammhaus vor, eine eigene Freudenberg-Tochtergesellschaft in Hongkong zu gründen und im Wettbewerb mit den japanischen Partnern herauszufinden, welches Konzept zu besseren Ergebnissen führt. Es dauerte nicht lange, und Urs hatte mit seiner Organisation die Nase vorne. Daraufhin beschloss man, das Einlagestoffgeschäft in Asien in Zukunft mit einem Joint Venture (JV) zwischen der Unternehmensgruppe Freudenberg und dem japanischen Partnerunternehmen Japan Vilene Company, Ltd. fortzuführen. Dieses Joint Venture wurde 1980 in Hongkong als Freudenberg & Vilene International Ltd. gegründet und Urs zum ersten Leiter des JVs ernannt.

17 Jahre später war das Unternehmen mit eigenen Büros, Tochtergesellschaften und Agenturpartnern in ganz Asien zu einer marktführenden Vertriebsorganisation für Einlagestoffe aus Faservliesstoffen gewachsen. Und ich hatte nun die Chance, in dieser erfolgreichen Organisation die Position des General Managers einzunehmen und direkt an den Managing Director zu berichten. Womit ich jedoch nicht gerechnet hatte, war, dass unser erstes persönliches Gespräch direkt zu einer Aufgabenstellung für mich führen sollte. Nach einem freundlichen Empfang erklärte er mir, dass ich nun die Gelegenheit hätte, mich mit allen Managern der Abteilungen, für die ich verantwortlich sein würde, zu unterhalten. Diese Gespräche und meine Erkenntnisse daraus sollte ich protokollieren und ihm als Bericht zukommen lassen. Basierend darauf könnte

er dann entscheiden, ob ich der richtige Mann für diese Position sei. Wieder einmal lernte ich, dass man sich seinen Erfolg immer wieder neu erarbeiten muss und dass Vorschusslorbeeren oder gute Referenzen eben nur eine Eintrittskarte sind, aber keine Erfolgsgarantie.

Was nun folgte, waren meine Gespräche mit den sechs Abteilungsleitern für Finanzen/Buchhaltung, Personal, Verwaltung, IT, Logistik und Lager. Bis auf die Lagerabteilung wurden alle anderen Abteilungen damals von Frauen geführt. Ich lernte, dass sich Männer in Hongkong zu dieser Zeit lieber in Vertriebs- oder Marketingfunktionen mit Kundenkontakt, Geschäftsreisen und Entertainment sahen und damit oft einhergehende Boni oder Kommissionseinnahmen anstrebten. Die rein kaufmännischen oder intern notwendigen Funktionen überließ man(n) gerne den Frauen. Daher fand man in Hongkong im Vergleich zum Deutschland der 90er-Jahre deutlich mehr Frauen in entsprechenden Führungspositionen. Diese waren alle extrem zielstrebig, gut qualifiziert und daher völlig zu Recht in leitenden Positionen tätig.

Die Erfahrung, die ich in diesen ersten Gesprächen mit meinen zukünftigen engsten Mitarbeitern machen durfte, war faszinierend und herausfordernd zugleich.

Ich begann mit den Damen, die allesamt ohne große Umschweife auf den Punkt kamen und mir jeweils einen Überblick über ihre Teams und Aufgaben gaben. Zum Teil war dies sehr schnell und sehr detailliert, sodass ich Mühe hatte, hier auch im Detail zu folgen. Zum Teil war die Sprache ein Problem, da alle zwar Englisch sprachen, aber mit einem durchaus starken Akzent, der für meine Ohren zum damaligen Zeitpunkt nur schwer verständlich war. Ich werde wohl nie vergessen, wie ich im Gespräch mit der Leiterin der IT-Abteilung über das Warenwirtschaftssystem sprach und an einem Punkt der Diskussion glaubte, sie würde mir etwas von Gänsen erzählen. Dies war natürlich nicht der Fall, aber ihre Aussprache von „goods", also Waren, hörte sich für mich wie „goose", also eben Gänse, an. Es war mir zu peinlich, dies in dem Moment zuzugeben, also behielt ich meinen Aha-Effekt für mich, war aber heilfroh, am Ende das Rätsel gelöst zu haben. Ein Bericht über Gänse hätte meine Qualifikation für den Posten wohl sicher infrage gestellt. So aber hatte ich ein gutes Verständnis des Status quo der IT im Unternehmen und der anstehenden Projekte.

Ähnlich erging es mir auch mit den Damen, die als Abteilungsleiterinnen für die Finanzen und Buchhaltung, für die Verwaltung, für die Personalabteilung und für die Logistik zuständig waren. Jede von ihnen war absolut kompetent und freundlich, aber auch distanziert. Ich hatte einige Male das Gefühl, von ihnen getestet zu werden und mich hier auch bewerten lassen zu müssen.

Der Leiter unseres Zentrallagers in Hongkong, in dem wir damals rund 45 Millionen Meter an Einlagestoffen vorhielten, war der einzige Mann in dieser Runde. Er sprach ebenfalls nicht das beste Englisch, machte aber einen kompetenten Eindruck und schien genau zu wissen, was er tat und was seine rund 80 Lagerarbeiter und Fahrer zu tun hatten. Hierzu muss man wissen, dass ein Lager in Hongkong damals in keiner Weise mit einem modernen Hochregallager oder Ähnlichem zu vergleichen war. Stattdessen bestand es aus unzähligen Einheiten in verschiedenen Stockwerken eines Lagergebäudes in der Nähe des Containerhafens. Das Gebäude hatte nur eine Zufahrt, über die die eingehenden oder ausgehenden Lieferungen ent- und beladen wurden.

Am Ende des Tages hoffte ich, dass ich aus meinen Notizen einen gehaltvollen Bericht erstellen könnte, um tatsächlich die Zusage für diese Anstellung zu bekommen.

Meine Frau war während dieser Zeit allein in der Stadt unterwegs gewesen und hatte sich unter anderem mit einer Art des öffentlichen Verkehrs in Hongkong, den sogenannten Minibussen, vertraut gemacht. Wir wussten eben nicht, dass man diese mit ausgestrecktem Arm fast überall an der Straße anhalten konnte und sie ansonsten einfach an einem vorbeifuhren. Echte Haltestellen gab es für Minibusse nur wenige auf ihren Routen. Sie hatte sich aber tapfer durchgeschlagen und im Sinne von „Learning by Doing" die deutsche Schule gesucht und gefunden, erste Supermärkte erkundet, um zu sehen, welche Produkte man in Hongkong finden würde und wie man sich am besten durch diese Großstadt bewegte.

Am Abend waren wir beide zwar etwas erschöpft, aber auch begeistert von dieser Stadt. Da wir in einem schönen Hotel untergebracht waren, genossen wir noch einen Drink an der Hotelbar. Das wurde auch an den Folgetagen zu einem kleinen Ritual für uns, um das Erlebte gemeinsam Revue passieren zu lassen. Ich erinnere mich gut daran, dass sich meine Sekretärin zurück in Deutschland mit einem Augenzwinkern den Kommentar nicht verkneifen konnte, dass in der Reisekostenabrechnung einige Besuche in der Hotelbar aufgetaucht seien.

Am nächsten Tag stand eine Tour mit einer Immobilienmaklerin an. Sie sollte uns potenzielle Mietwohnungen zeigen, damit wir eine Vorstellung davon bekamen, wie und wo man in Hongkong wohnt und welche Entfernungen es zur Arbeit oder zur Schule gibt. In meinem Vertragsentwurf waren die zum damaligen Zeitpunkt üblichen Zusätze wie die Übernahme der Schulgebühren für unsere Kinder und die Mietkostenübernahme bis zu einem gewissen Betrag enthalten. Mir war bekannt, dass Hongkong ein teurer Platz zum Leben ist und die Mietkosten weitaus höher waren und weiterhin höher sind als in Deutschland. Somit mussten Firmen ihren Mitarbeitern unter die Arme greifen, um eine Anstellung in Hongkong auch finanziell attraktiv zu gestalten.

Das Budget, das man mir in dem Vertragsentwurf eingeräumt hatte, war aus meiner Sicht höchst generös. Ich sah mich mit meiner Familie schon in einer netten Villa wohnen. Der Tag mit der Immobilienmaklerin lehrte uns jedoch schnell eines

Besseren. Die Mietpreise in Hongkong im Jahr 1997 waren auf einem Allzeithoch. Nachdem wir der Maklerin unser Budget genannt hatten, musste sie die Besichtigungstour erst einmal umplanen, denn ein Großteil der Wohnungen, die sie uns ursprünglich zeigen wollte, lagen preislich leider über unserem Budget. Der Traum, in einer netten Villa zu leben, war damit ausgeträumt. Das war ein erster Wirkungstreffer und Dämpfer, aber wir hatten zuvor nicht im Luxus gelebt und würden schon eine bezahlbare und dennoch annehmbare Wohnung finden. Es musste ja schließlich nicht unbedingt eine Villa sein.

An diesem Abend waren wir mit Urs und seiner Frau Louisa, dem damaligen General Manager und seiner Frau sowie einigen ausgewählten Managern in einem sehr guten chinesischen Restaurant zum Abendessen verabredet. Meine Frau und ich hatten nicht wirklich viel Erfahrung mit traditionellem chinesischem Essen, waren aber erst einmal offen dafür. Es gab dann einen Schreckmoment für meine Frau, als Louisa, die aus Hongkong stammt, für uns alle eine Spezialität in der kalten Jahreszeit bestellte: eine Schlangensuppe. Meine Frau hat eine Schlangenphobie und rief im Affekt laut über den Tisch, dass das nicht gehe. Sekunden danach dachte sie, dass sie mir damit wohl die Chance auf die Stelle ein für alle Mal verbaut hätte. Dem war allerdings nicht so und meine Frau aß tapfer eine kleine Portion davon, allerdings mit möglichst wenig Fleisch. Louisa war das sehr peinlich, da sie ihre Gäste natürlich nicht schockieren und abschrecken wollte. Einen Vorgeschmack auf den Humor meines zukünftigen Chefs bekamen wir an diesem Abend, als er meiner Frau genau erklärte, welche Zutaten in der Suppe waren und welche davon von einer Schlange stammten. In den Jahren danach bis heute haben wir oft über dieses Abendessen und die Schlangensuppe gesprochen und sehr darüber gelacht.

Mein Vorgänger, ebenfalls ein deutscher Entsandter mit seiner Familie, gab uns ebenfalls noch einige wertvolle Tipps und Eindrücke mit auf den Weg, und nach dem Kurzbesuch hatte Hongkong für uns eher noch an Attraktivität gewonnen. Somit mussten nur noch mein Bericht über die Einzelgespräche und der Gesamteindruck überzeugen und Urs zu seinem Ja bewegen. Dies passierte dann auch schon bald und die Planung für den großen Umzug konnte beginnen.

Wer aber glaubt, dass sich für uns der angesprochene Vorhang hier schon geöffnet hatte, der täuscht sich. In den wenigen Tagen hatten wir nur einen kleinen Spalt im Vorhang aufgehen sehen, der sich genauso schnell wieder schloss. Im Büro in Gesprächen sitzend oder bei einem Geschäftsessen am Abend oder gar in der netten Hotelbar eines gehobenen Hotels, das waren alles Situationen, die mit dem späteren Alltag und Leben in der fremden Umgebung nichts zu tun hatten und den Vorhang auf die Bühne Hongkong noch lange nicht öffneten.

Dennoch war dieser kurze Besuch für uns sehr wichtig und ich kann jedem nur empfehlen, vor der Entscheidung, in eine fremde Stadt, ein fremdes Land und eine fremde Kultur zu ziehen, zumindest einige Tage vor Ort zu verbringen. Der erste Eindruck ist nämlich wichtig und stellt die Weichen für einen Einstieg. Landet man an einem Ort, der einen selbst oder die bzw. den Partner und Familie nicht anspricht, dann sollte man seine Entscheidung für einen solchen Schritt vielleicht noch einmal überdenken.

KAPITEL 4

Ankommen in der Fremde

Es war schon erstaunlich, wie schnell das ganze Hab und Gut eines Haushalts von professionellen Packern eingepackt und in einen großen Container verstaut werden kann. Ein wenig mulmig wird es einem dann schon, denn wer garantiert, dass wirklich alles heil am anderen Ende der Welt ankommt? Nun, die Umzugsfirma schien sich da ganz sicher zu sein, also würde das wohl stimmen.

So oder so ähnlich erging es uns dann im Frühjahr 1997. Wir hatten beschlossen, dass ich zunächst allein nach Hongkong fliegen und dort am 1. Mai meine neue Arbeitsstelle antreten würde. Meine Frau und die Kinder blieben noch ein paar Wochen in Deutschland. Sobald die Umzugsfirma alles eingepackt und per See nach Hongkong gebracht hatte, würden sie bei meinem Schwiegervater wohnen und Ende Juni nach Hongkong nachkommen. Dies würde mir ausreichend Zeit geben, mich um die Formalitäten wie Aufenthaltsgenehmigungen, Arbeitsvisum, Beantragung einer Hongkong Resident Karte und natürlich, ganz wichtig, um eine Wohnung zu kümmern. Zu diesem Zeitpunkt war der Immobilienmarkt in Hongkong völlig verrückt und man konnte nur dann eine Wohnung anmieten, wenn man vor Ort war und im Prinzip auch auf der Stelle bei der Besichtigung zusagte und am besten gleich den Mietvertrag unterschrieb. Bat man um Bedenkzeit, dann war die Wohnung mit größter Wahrscheinlichkeit schon wieder weg.

Der Vorhang zu Hongkongs Bühne öffnete sich mehr und mehr. Plötzlich befand ich mich mitten auf dieser neuen Bühne. Nicht alles erschien in neuem Glanz, denn plötzlich mehrten sich auch Eindrücke von Dingen, die ich nicht alle unbedingt als wünschenswert empfand.

Als ich tatsächlich auf dem alten Flughafen Kai Tak gelandet war, der wegen seiner Lage mitten in der Stadt berüchtigt war, kann ich das Gefühl nur als Mischung aus freudiger Erwartung und gleichzeitig etwas mulmigen Gefühl beschreiben.

Zwar hatte ich im Laufe der Jahre schon einige Geschäftsreisen erlebt, aber ich hatte dabei jeweils ein Rückflugticket in der Tasche. Diesmal war das nicht der Fall. Auch ging es nicht in eines der üblichen Hotels für Geschäftsreisende, sondern in ein kleines Hotel der etwas günstigeren Kategorie im Stadtteil Mongkok, das nicht im Zentrum lag. Anders als bei den besagten üblichen Geschäftsreisen stand nach der Abholung vom Flughafen durch meinen Vorgänger kein gemeinsames Essen oder Ähnliches auf dem Programm. Stattdessen wurde ich im Hotel abgesetzt und erhielt noch den Hinweis, wie ich an meinem ersten Arbeitstag zum Büro gelangen konnte, sprich, wo sich die nächstgelegene U-Bahn-Station befand. Obwohl ich wusste, dass dies völlig normal war und keine besonders knifflige Aufgabe darstellte, wurde mir mit aller Deutlichkeit bewusst, dass dies nun meine Realität und später auch die meiner Familie sein würde. Wir würden in Hongkong und nicht mehr in Deutschland leben und uns in dieser fremden Welt tagtäglich zurechtfinden müssen. Es war so ein Moment, in dem ich für kurze Zeit etwas Angst vor der eigenen Courage hatte.

Am nächsten Tag fand ich den Weg ins Büro ohne allzu große Probleme. Nach einem kurzen Gespräch mit meinem neuen Chef ging es an die Arbeit. Für die ersten Wochen war mein Vorgänger selbst noch vor Ort, um eine reibungslose Übergabe zu ermöglichen. Ich saß zunächst einmal gemeinsam mit ihm in seinem Büro. Doch schon nach wenigen Tagen hoffte ich, dass die Übergabezeit bald zu Ende gehen würde. Das kennen sicherlich viele aus solchen Situationen: Man ist zwar anfangs dankbar für die Tipps und Erklärungen zu den wichtigen Aufgaben, die gerade anstehen oder regelmäßig gemacht werden müssen. Dann kommt jedoch der Zeitpunkt, an dem man gegenseitig Rücksicht nimmt, wodurch der Vorgänger keine wichtigen Entscheidungen mehr fällt und der Nachfolger diese noch nicht fällen will. Zum Glück verstanden wir uns recht gut und meisterten diese Übergangszeit ohne Stress und Spannungen.

Die Arbeit nahm also langsam Formen an und die Zeit im Büro fühlte sich strukturiert und schon nach wenigen Tagen irgendwie vertraut an. Gewisse Arbeitsroutinen zu haben, gibt einem zumindest für diesen Teil des Tages etwas Sicherheit.

Außer mir gab es im Büro noch zwei weitere Deutsche, die beide in unserem technischen Studio tätig waren. Wie klein die Welt sein kann, stellte ich fest, als ich mit der Leiterin des Studios plauderte und wir herausfanden, dass unsere Heimatstädte in Deutschland Nachbarorte waren. Wir mussten damals herzlich lachen und hatten von da an sofort eine enge Verbindung und um es vorweg zu nehmen: Heute, fast 30 Jahre später, leben wir beide wieder in unseren Heimatorten und sind nach wie vor gut befreundet.

Außerhalb des Büros und außerhalb der Arbeitszeiten fand jedoch keine Übergabe durch einen Vorgänger statt. Hier wurde ich direkt mit dem Alltag in Hongkong konfrontiert.

Wie bereits gesagt, waren es von meinem vorübergehenden Zuhause im Newton Hotel nur ein paar Minuten zu Fuß zur U-Bahnstation. Die Lage war sehr praktisch, um schnell ins Büro zu kommen, aber die Umgebung war doch sehr lokal geprägt. Hier gab es zwar einige Touristenspots, aber kaum ein westliches Restaurant oder Einkaufsmöglichkeiten, zumindest nicht für mich, den Neuankömmling, der in seinen vorangegangenen Besuchen in Asien immer nett abgeholt, sehr nett zum Essen ausgeführt und rundum umsorgt wurde. Nun musste ich nach Büroschluss für mich selbst sorgen. Dank McDonald's bekam ich abends wenigstens etwas zu essen, das ich kannte. Die großen, oft sehr lauten Restaurants mit lokaler Küche waren nicht geeignet, um dort alleine zu speisen.

In China isst man gerne und viel in Restaurants, aber meist in größeren Gruppen. Man sitzt an runden Tischen und lässt die diversen Speisen auf einer rotierenden Glasplatte herumwandern. So kann sich jeder am Tisch bedienen und die Köstlichkeiten mit den Essstäbchen in atemberaubender Geschwindigkeit und mit großer Geschicklichkeit in die eigene Schale oder direkt in den Mund bugsieren. Die einfachen Essensbuden an der Straße, sogenannte Dai Pai Dongs, erschienen mir nicht einladend genug bzw. machten nicht den besten Eindruck auf mich und meinen europäischen Magen, zumal ich die dort angebotenen Speisen weder kannte noch wusste, wie sie hießen.

Zu den Erfahrungen, auf die ich gerne verzichtet hätte, zählten die freundlich gemeinten Versuche meiner lokalen Mitarbeiter, mir bei gemeinsamen Mittagessen in einem der Restaurants in Büronähe Hühnerfüße in verschiedenen Variationen schmackhaft zu machen. Eigentlich hatte ich mir vorgenommen, ohne Vorurteile an lokale Speisen und Gebräuche heranzugehen und zunächst einmal alles zu probieren. Bei Hühnerfüßen war jedoch das Ende meiner Offenheit gegenüber fremden Speisen erreicht. Obwohl ich ansonsten tatsächlich im Lauf der vielen Jahre in Asien allerhand Speisen vorgesetzt bekam, die ich nicht einmal identifizieren konnte und sie dennoch alle probierte, konnte ich mich bei Hühnerfüßen bis heute nicht überwinden. Der eine oder andere mag nun denken, dass ich das sehr dramatisch darstelle, aber die Tatsache, dass plötzlich die gewohnten Speisen einfach nicht mehr erhältlich sind, macht es einem eben sehr bewusst, dass nun eine neue Zeit angebrochen ist.

April bis Juli sind in Hongkong sehr regenreiche Monate und wenn es in Hongkong regnet, dann ist das nicht mit Regen in Deutschland zu vergleichen, auch wenn der Klimawandel dies mittlerweile Jahr für Jahr etwas näherbringt. Im Jahr meiner Ankunft kamen in Hongkong über Wochen wahre Sturzbäche vom Himmel. Eines Morgens wollte ich mich trotz des heftigen Regens auf den Weg ins Büro machen, nur um in der Hotellobby beim Ausstieg aus dem Lift knöcheltief im Wasser zu stehen, das sich von der Straße in die Hotellobby ergoss. Die U-Bahnstationen waren an solchen Tagen nur zu erreichen, wenn man entweder hohe Gummistiefel trug oder die Schuhe und Socken auszog, die Hosen bis über die Knie hochkrempelte und dann eben barfüßig durch die überfluteten Straßen und Gehsteige in die U-Bahnstationen watete. In solchen Fällen wurde auch jeder Müll, der ggf. auf den Straßen oder Bürgersteigen lag, durch die Gegend geschwemmt, und Tausende von Kakerlaken und anderem Ungeziefer wurden aus ihren Unterschlupfen gespült. Sie fanden sich im teils kniehohen Wasser wieder und liefen nach dem Ablaufen desselben über den Boden. Von den möglichen Überresten aus der Kanalisation will ich an dieser Stelle gar nicht reden. Nichts für empfindliche Gemüter.

Damit war die erste Euphorie über diese tolle Chance verflogen und stattdessen regten sich ernste Zweifel, ob ich den richtigen Schritt gewählt hatte und ob ich es meiner Familie überhaupt zumuten konnte, in diese Stadt zu ziehen.

Wie gesagt war eines meiner ersten Ziele, eine geeignete Wohnung für mich und meine Familie zu finden.

Die ersten Apartments, die ich mir ansehen konnte, waren entweder zu teuer, sehr dunkel oder nicht gerade sauber. Das trug nicht dazu bei, meine Stimmung zu verbessern. Aus Deutschland war ich es gewohnt, dass Vermieter ihre Wohnungen für Besichtigungen potenzieller Mieter so sauber und aufgeräumt wie möglich präsentierten. Das war im Hongkong Ende der 90er-Jahre jedoch völlig anders. Die Wohnungen waren zwar leergeräumt, aber oft fanden sich neben Staub und verschmutzten Wänden und Bädern auch Wasserschäden und Schimmel. Die bereits angesprochenen Vertreter diverser Ungezieferarten waren meist tot, manchmal aber auch noch sehr lebendig und ebenso stark vertreten. Man musste schon sehr kreativ und einfallsreich sein, um sich mit seiner Familie eine Zukunft in solchen Wohnungen vorstellen zu können. Zum Glück bin ich ein Optimist und ich sehe mein Glas immer mindestens halb voll. Kapitulieren und alles hinwerfen und rückgängig machen kam sowieso nicht infrage und so gewann ich die Sicherheit zurück, dass auch meine Familie sich in Hongkong irgendwie zurechtfinden würde.

Mithilfe eines Maklers und der Empfehlung meines Vorgängers fand ich schließlich auch ein geräumiges und helles Apartment im 21. Stock eines Wolkenkratzers. Es lag gegenüber einem großen Friedhof, bot dafür aber Meerblick. Der Friedhof in der Nachbarschaft machte die Apartments in dem Gebäude erschwinglich, da Chinesen dort in aller Regel wegen der Geister nicht wohnen wollten. Somit konnten dort nicht die absolut höchsten Mietpreise erzielt werden. Die leider schon sehr alte Küche, die Klimageräte und den insgesamt eigentlich auch nicht sonderlich hochwertigen Zustand der Wohnung musste man in Kauf nehmen. Verhandlungen darüber mit den Vermietern waren einfach nicht möglich. „Take it as it is or leave it", eine andere Entscheidung gab es nicht.

Ich werde nie vergessen, wie ich meiner Frau und den Kindern zum ersten Mal die neue Wohnung zeigte. Die Kinder waren ja noch klein, aber schon begeistert vom Ausblick aus den Fenstern im 21. Stock. Mit ihrer kindlichen Unbekümmertheit waren sie sich sicher, dass das ein schönes Zuhause werden würde.

Meine Frau sah das etwas kritischer, um es freundlich auszudrücken. Ihr Blick zu mir, als sie beim ersten Öffnen einer der Küchenschubladen den Griff derselben in der Hand hielt, weil das Holz der Schublade leicht verrottet war, sprach Bände. Das Problem, das in den Tagen danach noch mehrfach an weiteren Schubladen auftreten sollte, wurde dann allerdings schnell behoben. Der herbeigerufene Mitarbeiter des Estate Managements nahm die kaputte Schublade einfach komplett heraus, ging in eine derzeit unbewohnte Nachbarwohnung, entnahm der Küche dort eine Schublade mit Griff und brachte sie als Austausch zu uns zurück.

Auf ähnlich interessante Art wurde wenige Wochen nach unserem Einzug das Problem des sich hochwölbenden Parkettbodens in unserem Wohnzimmer gelöst. Der herbeigerufene Handwerker betrachtete die Stelle für kurze Zeit und schlug mir dann vor, dass er ca.1,5 Quadratmeter des alten Parketts entfernen und durch neues Parkett ersetzen könnte. Ich wies darauf hin, dass es doch sehr merkwürdig aussehen würde, wenn lediglich ein kleiner Teil des Bodens ersetzt würde, was zudem einen klar sichtbaren Farbunterschied bedeuten würde. Durch diese Bemerkung hatte ich wohl eindeutig klargemacht, dass ich keinen neuen Parkettboden haben wollte. In atemberaubender Geschwindigkeit griff der Handwerker zu einem an seinem Gürtel hängenden Hammer, zog aus einer Hemdtasche mehrere Nägel und in sichtbar geübter Manier schlug er diese Nägel in die nach oben gewölbte Parkettfläche, um sie so wieder auf den Boden zurückzutreiben. Mit breitem Grinsen und voller Stolz schaute er zu mir auf und erklärte, das Problem sei nun behoben. Die sichtbaren Nagelköpfe im Holzparkett störten ihn genauso wenig wie mein offenstehender Mund und schon war er zur Tür hinaus.

Eine weitere Episode aus meinen Erfahrungen mit lokalen Handwerkern war jedoch nicht lustig, sondern höchst alarmierend. Die Klimageräte in dieser Wohnung waren allesamt mindestens zehn Jahre alt, laut und oft auch defekt. Als eines der Geräte ausgetauscht werden musste, erlebten wir einen fürchterlichen Schreckmoment.

Das defekte Gerät befand sich im Spielzimmer unserer Töchter und war unterhalb des Fensters an der Außenwand angebracht. Wie bereits erwähnt, befand sich die Wohnung im 21. Stock eines Hochhauses. Der Handwerker ließ sich das Zimmer zeigen und entnahm zunächst einmal das defekte Gerät. Ohne uns zu informieren, machte er sich auf den Weg, um das Ersatzgerät zu holen, und hinterließ im Spielzimmer ein ca. 60 x 40 cm großes Loch in der Außenwand. Dass unsere jüngste Tochter, die damals knapp drei Jahre alt war, durchaus neugierig war, warum da plötzlich ein so großes Loch in der

Wand erschien, ist nachvollziehbar. Wir bekommen heute noch Gänsehaut, wenn wir daran denken, wie wir sie dort auf dem Weg zum Loch erblickten und gerade noch aufhalten konnten.

Klingt das nun so, dass ich von Entsendungen oder dem selbst gewählten Schritt ins Ausland zu gehen, abraten will? Auf gar keinen Fall, aber ich rate jedem, der einen solchen Schritt macht, sich bewusst zu sein, dass das Einleben in einer fremden Umgebung und Kultur bei einer zumindest mehrjährigen Stationierung alles andere als einfach ist und mit Urlaubserlebnissen oder -eindrücken nichts zu tun hat. Der Alltag wird zur Herausforderung und nebenbei sind auch der neue Job, die neuen Mitarbeiter, die neuen Aufgaben und ggf. größere Verantwortung zu schultern.

Ankunft in einer britischen Kronkolonie und Leben in China

Als meine Familie am 28. Juni 1997 in Hongkong ankam, war die Freude riesengroß. Die ersten Tage verbrachten wir noch in einem Service-Apartment, da sich unser Hausrat noch in einem Container auf dem Schiffsweg nach Hongkong befand. Das war für unsere Kinder spannend und eben auch noch ein wenig so wie Urlaub und wir freuten uns auf den 30. Juni. Einerseits, weil es der Geburtstag unserer ältesten Tochter Maren war und wir ihn zusammen feiern konnten, andererseits, weil wir am Abend von meinem Chef zu einer Handover-Party in seinem Haus eingeladen waren. Um Mitternacht des 30. Juni wurde bei strömendem Regen in Hongkong die britische Flagge eingeholt und die chinesische Flagge gehisst. Hongkong wurde offiziell von England an China übergeben, wenn auch mit der Zusicherung, Hongkong für weitere 50 Jahre eine gewisse Unabhängigkeit und Selbstständigkeit zu ermöglichen. „One Country, Two System" wurde das genannt.

Am Fernseher verfolgten wir die Zeremonie und die Reden. Prinz Charles von Wales überbrachte die Nachricht von Queen Elizabeth, bevor er gemeinsam mit Chris Patten, dem letzten britischen Gouverneur von Hongkong, an Bord der königlichen Jacht Britannia Hongkong verließ. Damit übernahm China die Souveränität über Hongkong.

Während die meisten Partygäste diesen Moment feierten und begrüßten, wurde meine Frau immer stiller und bekam feuchte Augen. Sie sagt heute noch, wie nah ihr dieser Moment des Flaggentausches ging, da sie plötzlich Zweifel überfielen, ob Hongkong unter chinesischer Führung nicht vielleicht doch völlig anders sein würde als unter britischer. Um es vorwegzunehmen: Zumindest für die ersten 15 Jahre nach dem Handover war für uns persönlich, und das gilt auch für die Mehrheit der Bevölkerung, kaum etwas von dem Wechsel zu spüren. Die Entwicklung, die Hongkong in den letzten Jahren durchgemacht hat, oder besser gesagt, durchmachen musste, ist eine, die ich mit Besorgnis beobachte. Ich bin kein Politiker und dieses Buch ist keines über politische Entwicklungen und deren Beurteilung. Hongkong ist mir und meiner Familie jedoch sehr ans Herz gewachsen. Wie sich Hongkong unter der chinesischen Souveränität weiterentwickeln wird, wissen wir alle nicht. Ich bin aber sicher, dass Hongkong ohne seine einzigartige kulturelle Vielfalt durch die Bewohner unterschiedlichster Herkunft, ohne seine Dynamik und Effizienz sowie ohne seine Sonderstellung mit einem eigenständigen politischen und gesellschaftlichen System innerhalb Chinas langsam aber sicher an Bedeutung verlieren würde. Und das wäre sehr schade.

Warum halte ich diese ersten Eindrücke und Erlebnisse im privaten Bereich auch für Menschen, die weder mich noch meine Familie kennen, für wichtig? Nun, das Leben an einem anderen, fremden Ort wird viele der eigenen Ansichten beeinflussen. Es wird einen Teil des eigenen Lebens bestimmen und zu einem wichtigen Bestandteil der eigenen Erfahrungen werden.

Es ist mir ein Anliegen, darauf hinzuweisen, dass auch eine Entsendung oder ein Neuanfang in einer der aufregendsten und interessantesten Städte der Welt nicht einfach ist. Sobald sich die erste Euphorie gelegt hat und der Alltag seinen Einzug hält, werden viele ungewohnte Dinge sichtbar, die manchmal auch als Belastung empfunden werden. Das gilt sowohl für einige Kleinigkeiten als auch für größere Ereignisse. In vielen Gesprächen mit anderen Expats hörten wir immer ähnliche Erfahrungen. Oft wurde uns geraten, spätestens nach sechs Monaten einen Urlaub einzuplanen, da man ab und zu eine Auszeit von Hongkong bräuchte. Tatsächlich haben wir das auch getan und flogen nach etwa vier Monaten für einen Kurzurlaub nach Cebu auf den Philippinen. Anders als in Deutschland waren Urlaube in Asien jedoch selten länger als fünf bis sieben Tage. Doch bereits nach diesen wenigen Tagen hatten wir das Gefühl, unsere Batterien wieder aufgetankt zu haben, und flogen nach einer knappen Woche mit neuem Elan zurück nach Hause. Ja, Hongkong war schnell unser Zuhause geworden.

Seine eigenen Erfahrungen mit anderen zu teilen, ist ein wichtiger Prozess. Dieser erfordert aber eben auch, dass man auf andere zugeht, neue Kontakte knüpft und sich nicht davor scheut, die eigenen Zweifel anzusprechen. Findet man Freunde, dann werden sie das verstehen und mit Rat und Tat zur Seite stehen, trifft man auf die ebenfalls reichlich existierenden Alleskönner, die niemals eine eigene Schwäche oder einen Zweifel zeigen würden, dann weiß man auch, dass diese wohl keine engen Freunde werden.

Wer sich daher zu einem solchen Schritt aufrafft, der sollte sich bewusst sein, dass es Minuten, Stunden, manchmal auch Tage gibt, in denen man daran zweifelt, die richtige Entscheidung getroffen zu haben. An solchen Punkten zählt Durchhaltevermögen und ein gesunder Zweckoptimismus.

Erstes Eintauchen in eine andere Welt

Wie gelingt es am besten, sich in einer neuen, fremden Umgebung einzuleben? Sicherlich ist es empfehlenswert, in die andere Welt und fremde Kultur einzutauchen. Doch wie gelingt das, wenn man die Sprache nicht spricht?

Ich würde mich als durchaus sprachbegabt bezeichnen. Ich habe Englisch, Französisch und auch noch ein wenig Latein in der Schule gelernt. Auf Urlaubsreisen nach Spanien, Griechenland oder Italien lernte ich zumindest so viel, dass ich kleine Einkäufe oder Bestellungen im Restaurant und die üblichen Redewendungen für einen kleinen Small Talk mit Einheimischen parat hatte. Dann sollte es doch auch kein Problem sein, Kantonesisch zu lernen, dachte ich zumindest.

In Hongkong spricht man, anders als auf dem Festland in China oder in Taiwan, kein Mandarin, sondern Kantonesisch, wie auch in Macau und der Provinz Guangdong im Süden Chinas. In der Tat sind Kantonesisch und Mandarin (auch Putonghua genannt) die beiden am weitesten verbreiteten chinesischen Dialekte.

In beiden Fällen handelt es sich um sogenannte Tonalsprachen, die sich in der Aussprache jedoch stark unterscheiden. Während im Mandarin vier Töne unterschieden werden, sind es im Kantonesischen sogar sechs Töne. Das bedeutet, dass Sprecher der jeweiligen Dialekte, die auch als eigene Sprachen gelten könnten, sich nicht verstehen. Dies wurde mir erstmals bewusst, als ich zwei Chinesen im Lift traf und mich wunderte, warum sie sich beide nur halbwegs flüssig auf Englisch unterhielten. Ich bekam dann mit, dass einer aus Hongkong und der andere aus Shanghai kam und somit eben nur Kantonesisch bzw. Mandarin sprach. Englisch war für sie der sprachlich gemeinsame Nenner. In der Schriftform verwenden Hongkong, Macau, Taiwan, Singapur und Malaysia die sogenannte traditionelle Schriftweise, während in Festlandchina eine vereinfachte Schriftform angewandt wird.

Die vereinfachte Form kann in der Regel von allen gelesen werden, die traditionelle Schriftform hingegen nicht. Auf dem Festland werden grundsätzlich die chinesischen Standardschriftzeichen verwendet. Die unterschiedliche Aussprache derselben in Kantonesisch führt jedoch zu einer völlig anderen Bedeutung. Das hört sich kompliziert an und ich denke, das ist es auch.

Mit der Schriftform wollte ich mich nicht lange aufhalten, denn das würde einen noch viel größeren Zeitaufwand bedeuten. Aber etwas sprechen lernen wollte ich schon. So schwer würde das doch nicht sein.

Mein erster Besuch über die Grenze nach China fand zur Eröffnung eines neuen Büros statt. Wie bei solchen Anlässen üblich, wurde diese Eröffnung mit vielen Gästen, entsprechenden Blumenbouquets, Eröffnungsreden sowie vielen lokalen Leckereien wie gegrillten Spanferkeln, traditionellem Dim Sum (kleine gefüllte Teigsäckchen) und natürlich auch etwas Reiswein und anderen Getränken gefeiert. Es war auch immer besonders wichtig, zumindest eine chinesische Gottheit um viel Erfolg mit dieser neuen Unternehmung zu bitten, und die Festlichkeiten wie oben beschrieben dienten genau dazu, den Gott oder die Götter gütig zu stimmen. Nach meiner Rückkehr ins Büro in Hongkong wurde ich von meinen Mitarbeitern gefragt, wie mir denn mein erster Aufenthalt in China gefallen hatte. Ich hatte mich auf die Frage vorbereitet und sagte, dass es eine gelungene Eröffnung war, die wir mit der traditionellen Feier begangen hatten. Dazu hatte ich mich vorher erkundigt und der entsprechende Begriff in Kantonesisch hierfür war 拜神, was bedeutet, dass man sich den Segen des zuständigen Gottes erbeten möchte und dies entsprechend feiert.

Dies wird wie Baai3San4 ausgesprochen und der letzte Ton geht nach unten.

Mein Versuch, mit diesem Begriff zu glänzen, misslang komplett, denn ich betonte das Wort mit einem nach oben gehenden Ton am Ende. Dies lautete dann ausgesprochen Baai3 Saan1 und hatte somit erfolgreich eine komplett andere Bedeutung, nämlich 拜山, was so viel bedeutet, dass wir die Gräber unserer Vorfahren besucht und die Toten geehrt hatten (bekannt als „Tomb Sweeping", was besonders an zwei Feiertagen im Jahr durch eben diese Besuche der Gräber der Vorfahren gefeiert wird).

Die verdutzten Gesichter meiner Mitarbeiter in Hongkong kann man sich sicher gut vorstellen und nachdem ich auf die Rückfragen, was ich denn nun wirklich in China angestellt hatte, auf Englisch erklärte, dass wir eine tolle Eröffnungsfeier hatten, war das Gelächter groß und mir wurde mehrfach abverlangt, die Aussprache und Tonlage richtig hinzubekommen.

Die Sprache war eben nicht nur ein bisschen anders, sondern sehr viel anders als alle Sprachen, die ich bisher gelernt hatte.

Mir wurde klar, dass ich ohne enormen Zeitaufwand Kantonesisch wohl nicht oder nur unzureichend lernen würde und da ich die Zeit hierfür wirklich nicht hatte, würde also Englisch die Sprache für mich in Hongkong sein. Offiziell war und ist Englisch immer noch eine Amtssprache in Hongkong und geschäftliche Gespräche wurden überwiegend auch in Englisch geführt. Es war also kein großes Problem, wenn man Kantonesisch nicht beherrschte.

Dennoch stellte das Fehlen der lokalen Sprache eine gewisse Barriere dar, die es mir im Umgang mit den Kollegen und in unserem privaten Umfeld nie ganz ermöglichte, wirklich integriert zu werden. Man blieb doch immer ein „Gweilo", also ein „Geistermann", wie Europäer oder auch generell Männer westlicher Abstammung im Kantonesischen bezeichnet werden. Es gibt heute Diskussionen darüber, ob dies eine beleidigende Bezeichnung ist, ich persönlich habe es jedoch nie als beleidigend empfunden, wenn man mich „Gweilo" genannt hat. Für mich hatte das eher die Bedeutung, dass ich eben nicht aus Kanton stammte und daher aufgrund meiner Herkunft eine andere Einstellung zu diversen Dingen hatte als meine lokalen Mitmenschen.

Nun gut, man kann sich ja auch ohne die lokale Sprache zu beherrschen in einem Land integrieren. Schließlich glaubte ich, über eine gute Menschenkenntnis und die Fähigkeit zu verfügen, die Menschen um mich herum einzuschätzen. Hatte ich nicht gesagt, dass mich meine Skilehrertätigkeit und meine leitende Funktion in der Unternehmensplanung bestens auf neue Herausforderungen vorbereitet hatten und ich meine Mitarbeiter bestens einschätzen und einsetzen konnte?

Der Blick in die Gesichter meiner Hongkonger Mitarbeiter sagte mir aber erstaunlicherweise zunächst einmal viel weniger als erwartet. In China spricht man oft davon, dass man sein Gesicht wahren muss. In gewisser Weise ist dies bezeichnend dafür, dass man das Gesicht eines Chinesen nicht so lesen kann wie das eines Westlers, mit denen ich eben die meiste Erfahrung hatte. Ein Chinese zeigt deutlich weniger Mimik und Reaktion auf das, was gerade besprochen wird. Dies ist auf alle Fälle immer dann so, wenn man sich noch nicht wirklich gut kennt oder wenn man ein Gespräch zwischen Vorgesetztem und Mitarbeiter führt. Ob ich nun ein Lob aussprach oder auch einmal Kritik an jemandem übte, ich konnte zu Anfang aus der Reaktion bzw. dem Gesichtsausdruck meines Gegenübers nur schwer erkennen, ob das verstanden und akzeptiert wurde oder eben nicht. Erst kürzlich hörte ich von einer

Bekannten, dass sie ähnliche Erfahrungen mit einem chinesischen Kollegen in einem Institut gemacht hat. Dieser Kollege hatte während einer Veranstaltung mit den Führungskräften des Instituts und in Anwesenheit seines Vorgesetzten mit einem beständigen Lächeln im Gesicht den Fehlschlag eines Projektes präsentiert. Ich kann mich an so einige vergleichbare Situationen erinnern. Egal, ob es sich um eine sehr schlechte oder sehr gute Nachricht handelt, der Gesichtsausdruck bleibt oft unverändert. Daran muss man sich erst einmal gewöhnen.

Umgekehrt kam meine eher typisch deutsche, sehr direkte Art meinen Mitarbeitern und auch anderen Gesprächspartnern wahrscheinlich seltsam vor. Ich war nicht nur äußerlich, sondern auch durch meinen Konversationsstil ein sichtbarer Außenseiter in einer Führungsposition. Dazu war ich noch relativ jung, gerade einmal 34 Jahre alt, was in einem zumindest damals noch sehr durch Seniorität geprägten Arbeitsumfeld den einen oder anderen verwunderte. Zu Beginn meiner Zeit in Asien wurde ich tatsächlich oftmals direkt gefragt, wie alt ich sei und ob ich wirklich der General Manager des Unternehmens wäre. Man wollte wohl sichergehen, dass dieser junge Mann der richtige Gesprächspartner war. Ich merkte daher schnell, dass ich mich zwar nicht verbiegen, mich aber dem Umfeld etwas anpassen musste.

Dies klingt einfacher als es ist, denn es erfordert eine ständige Selbstkontrolle und Reflexion der eigenen Vorgehensweise und Ansprache der jeweiligen Gesprächsteilnehmer. Zugleich galt es, die eigene Meinung oder auch Aufgabenstellungen für die Mitarbeiter klar und deutlich zu vermitteln. Schließlich musste ich meine Führungsposition so ausüben, dass ich nicht nur aufgrund des Titels, sondern aufgrund meiner Kenntnisse und Entscheidungen respektiert wurde.

Bereits wenige Wochen nach meinem Amtsantritt in Hongkong im Juli 1997 begann die als „Asian Financial Crisis" bekannte Finanz- und Wirtschaftskrise mit dem Kollaps der thailändischen Währung. Dies löste eine Kettenreaktion aus, von der insbesondere Länder wie Indonesien, Südkorea, Hongkong, Malaysia, die Philippinen, Laos und in etwas abgeschwächter Form auch China, Japan, Singapur, Taiwan, Vietnam und andere betroffen waren.

Die Aktienmärkte erlitten drastische Verluste, Investoren zogen sich aus der Region zurück und Banken strichen die Kreditlimite ihrer Kunden, wenn sie überhaupt noch Kredite vergaben. So waren die bis dahin weitestgehend von stetigem Wachstum geprägten Pläne und Budgets hinfällig.

Auch unsere Unternehmung traf diese Krise schwer. Als Folge der allgemeinen Unsicherheit wurden viele Aufträge von unseren Kunden storniert oder zunächst auf Eis gelegt. Wir hatten mit einem signifikanten Umsatzeinbruch zu kämpfen und mussten mehr oder weniger über Nacht vom Wachstums- in den Überlebensmodus umstellen. Unser Bestreben war es, nach Möglichkeit ohne Personalreduzierung und Entlassungen durch diese Krise zu steuern und dabei unsere Agenten und Tochtergesellschaften in all den betroffenen Ländern ebenfalls tatkräftig zu unterstützen, um deren Zusammenbruch zu verhindern.

Natürlich stand ein unangenehmes und heftiges Kostenreduzierungsprogramm ganz oben auf der To-do-Liste. Ich erarbeitete es gemeinsam mit meinen Abteilungsleitern und fragte sie nach ihren Ideen und Vorschlägen, um diese einzubringen und damit eine bessere Akzeptanz bei dem Rest der Belegschaft zu erreichen. Mit der Vorstellung und Umsetzung eines solchen Programms sammelt man verständlicherweise nicht unbedingt Sympathiepunkte. Und die Tatsache, dass ich nun bei fast allen Anfragen zu Projekten oder auch nur einfachen Dingen wie Reiseanträgen etc. „Nein" sagen musste, führte dazu, dass ich den Spitznamen „Mr. No" erhielt.

Da die Maßnahmen aber auch von meinen Mitarbeitern getragen wurden, empfanden alle Betroffenen diese nicht als eine eigenwillige Anordnung meinerseits, die durch meine

Position bestimmt war, sondern als akzeptable, wenn auch unangenehme Maßnahmen.

Noch Jahre später und bis heute sprechen mich einige der Mitarbeiter aus dieser Zeit mit meinem damaligen Spitznamen „Mr. No" an. Tatsächlich trug ich diesen Spitznamen mit etwas Stolz, da er von meinen Mitarbeitern mit Respekt vor meinen Entscheidungen ausgesprochen wurde. Schließlich halfen uns die teils unangenehmen oder unpopulären Maßnahmen, die Krise zu überstehen, und ich hielt mich selbstverständlich ebenso daran wie alle anderen auch.

Kurz nach Beginn der Krise hatten wir einen Export-Workshop in Manila. In all den Jahren zuvor war dies ein Arbeitstreffen der Vertreter aller Länder unseres Verantwortungs- und Verkaufsbereichs in Südostasien und China, bei dem die neuen Produkte, Verkaufsmaßnahmen und Verkaufsziele festgelegt wurden. Dies war nun meine erste Teilnahme an diesem Workshop. Meine Aufgabe war es, all jenen, die es noch nicht in aller Deutlichkeit spürten, zu vermitteln, dass die nahe Zukunft sehr kritisch aussehen würde, und jenen, die schon den Abgrund vor sich sahen, zu zeigen, wie wir gemeinsam durch dieses Tal gehen konnten.

Ich glaube, ich hatte nur eine einzige Folie für die Präsentation vorbereitet. Diese landete auf dem damals noch üblichen Overheadprojektor. Darauf hatte ich Nachrichten und Headlines aus Tageszeitungen aller Länder kopiert, um allen Teilnehmern klarzumachen, dass es wirklich ums Überleben ging. Danach war es an der Zeit, sich Land für Land um die jeweils am besten geeignete Strategie und Maßnahmen zu kümmern.

Für mich war es das erste Mal, dass ich mit Menschen aus all diesen Ländern, von Indonesien und Singapur, Bangladesch und Thailand, Vietnam und den Philippinen, China, Taiwan und Südkorea sowie natürlich auch Hongkong, an einem Tisch saß. Mir wurde bewusst, wie unterschiedlich all diese Menschen waren: Sie waren von einer anderen Kultur geprägt, sprachlich mal mit mehr oder weniger verständlichem Englisch ausgestattet und hatten auch persönlich sehr unterschiedliche Charaktere.

Besonders hart getroffen hatte es unsere Agenten in Thailand und Südkorea. Sie standen tatsächlich vor dem Aus, da ihre Banken ihnen sämtliche Kredite gestrichen hatten. Kurz nach dem Workshop flog ich nach Seoul, um mit unserem koreanischen Agenten Herrn Park einen Maßnahmenplan zu erarbeiten.

Ich hatte erwartet, dass wir sofort nach meiner Ankunft über Details sprechen würden, doch dem war nicht so. Unser Agent holte mich persönlich am Flughafen ab und wir fuhren zunächst einmal zum Essen. Es gab koreanisches BBQ, und das Essen mit Metallstäbchen ist noch schwieriger als mit den in Hongkong und China üblichen Stäbchen aus Elfenbein oder gar den Holzstäbchen, die die billigste, aber tatsächlich griffigste Variante sind. Ich hatte Mühe, aber irgendwie gelang es mir, mein Essen nicht quer über den Tisch zu schleudern und es tatsächlich zu genießen.

Es zeigte mir jedoch, dass es in Korea eben sehr wichtig ist, Gäste höflich zu empfangen und zu versorgen. Das ändert auch eine sehr kritische Lage nicht. Auch wenn ihm das Wasser quasi bis zum Hals stand, hätte sein Stolz es nie zugelassen, dies sofort zu zeigen und direkt über seine Probleme zu sprechen. Das sollte und musste warten. Für mich hieß das, geduldig zu sein und ihn nicht zu drängen.

Gemeinsam führten wir dann Bankengespräche und zeigten der Bank auch auf, dass die Unternehmung Freudenberg hinter ihm stand und wir langfristige gemeinsame Pläne hatten. Die Gespräche waren konstruktiv, und ich hatte zum ersten Mal in meinem Leben einen Koreaner näher kennengelernt und eine enge Beziehung zu ihm aufbauen können.

Das Eintauchen in andere Kulturen bedeutet, erst einmal abzuwarten, zu beobachten und sich mit der fremden Welt vertraut zu machen.

In Hongkong selbst gab es Tag für Tag immer wieder Gelegenheiten, die lokale Kultur und Traditionen kennenzulernen. Sei es bei den wichtigen Feiertagen, die traditionell im Familienkreis gefeiert wurden und bei denen das gemeinsame Essen oft eine zentrale Rolle spielte, oder bei den kleinen Zeremonien, bei denen verschiedene Gottheiten geehrt und um Schutz oder Zuspruch gebeten wurde. So wurden zum Beispiel nicht nur zu Geschäftseröffnungen oder dem Bezug neuer Büroräume verschiedene Räucherstäbchen, meist mit Weihrauchgeruch, angezündet und ggf. andere Opfergaben gebracht, sondern in monatlichen oder jährlichen Abständen auch solche und ähnliche Zeremonien abgehalten.

Ein Beispiel hierfür ist der weit verbreitete Glaube vieler Geschäftsleute, der Erdgott besitze die Macht, ihren Besitz und ihr Geschäft zu beschützen. Zu seinen Ehren werden manchmal noch in monatlichen Abständen Früchte, Räucherstäbchen und Papiergeld dargebracht. Das wichtigste Datum ist jedoch einmalig im Jahr, und zwar immer am 16. Tag des letzten Mondmonats vor dem Chinesischen Neujahr, bekannt als Mei Ya. Normalerweise nehmen an dieser Zeremonie alle Angestellten und ihr Chef teil. Auch in unserem Büro in Hongkong wurde diese spezielle Zeremonie der Tradition entsprechend abgehalten und es gehörte einfach dazu, dass man dies respektierte und seine Räucherstäbchen dazu beitrug.

Neben dem chinesischen Neujahrsfest ist das alljährliche Mondfest wohl das zweitwichtigste Fest. Es findet immer am 15. Tag des 8. Mondmonats statt. Es ist ein Fest zu Ehren der Göttin Chang'e und dient traditionell auch dazu, Dank für die Ernte zu zeigen, und wird im Kreis der Familie gefeiert. Nach dem gemeinsamen Abendessen hält man nach dem Vollmond Ausschau. Oft werden auch Laternen und Kerzen angezündet und die Familie verbringt den Abend gemeinsam.

Selbst wenn einem die Anbetung von Gottheiten und in diesem Fall der Gottheit Chang'e fremd ist, so ist es natürlich möglich, sich an diesem Tag die Zeit für die Familie zu nehmen, gemeinsam zu essen und mit den Kindern an den Strand zu gehen. Wir haben das gerne gemacht: Mit ein paar Snacks versorgt, haben wir uns zu den anderen Familien an den Strand gelegt, einige Kerzen und Laternen aufgestellt und gemeinsam den Mond betrachtet – sofern der Wettergott mitspielte. Wir waren dann einfach Teil einer großen Gemeinschaft, die sich am Strand versammelt hatte, und das gab uns ein wenig das Gefühl der Dazugehörigkeit.

KAPITEL 6

Sport verbindet

Von der Sportbegeisterung meines Chefs hatte ich bereits gehört. Wie weit diese gehen sollte, würde mir jedoch erst noch bewusst werden.

Einmal im Jahr veranstaltete die Firma einen Tag des Sports für die rund 200 Mitarbeiter in Hongkong und deren Familienangehörige. Dafür wurde ein ganzes Sportstadion in Sai Kung gemietet, in dem es Wettbewerbe für Kinder und Erwachsene gab. Staffelläufe, Einzelrennen über verschiedene Distanzen, Springwettbewerbe und so weiter. Bevor ich überhaupt wusste, wie mir geschah, hatte mich Urs zum Lauf über 5.000 Meter angemeldet. Ich war zwar durchaus sportlich, hatte aber seit meiner Militärzeit keinen Lauf über 5.000 Meter mehr absolviert. Nun ja, Laufschuhe hatte ich auch keine, also nutzte ich eine Mittagspause, um mir im Stadtteil Mongkok, der für seine Shops jeder Art und die günstigen Preise bekannt war, ein Paar Laufschuhe zu kaufen. Ob es an den Sprachproblemen oder meiner Eile lag, weiß ich nicht, aber die Schuhe, die ich dort kaufte, waren eigentlich eine Nummer zu groß. Damit ausgerüstet, trat ich dann im strömenden Regen zum 5.000-Meter-Lauf im Stadion an. Urs war auch dabei und startete das Rennen gleich zu Beginn von vorne weg. Da ich nicht wusste, ob ich die 5.000 Meter überhaupt schaffen würde, hielt ich mich zunächst im Mittelfeld auf. Nach den ersten Runden merkte ich allerdings, dass es ganz gut lief, und ich arbeitete mich langsam nach vorne. Anscheinend waren meine Hongkonger Kollegen noch weniger trainiert als ich, und so näherte ich mich langsam, aber sicher der Spitze, sprich meinem Chef. Bei jedem Schritt meiner etwas zu großen Laufschuhe spritzte das Wasser auf der Tartanbahn auf, sodass er mich kommen hörte und ein wenig Tempo zulegte. Für einen Moment fühlte ich mich stark genug, um ihn zu überholen, doch dann kam mir der Gedanke, dass ich meinem Chef vielleicht den Vortritt lassen sollte, damit er sein Gesicht wahren konnte. Hatte ich nicht bereits gelernt, dass man seinem Vorgesetzten höflich Respekt zollen sollte? Ein zweiter Platz war ja nicht schlecht, und so kam es dann auch. Tatsächlich hörte ich später von dem einen oder anderen lokalen Kollegen, die bemerkt hatten, dass ich den Überholversuch selbst ausgebremst hatte, dass es nett von mir gewesen sei und der sehr beliebte Chef das Rennen als Sieger beenden konnte. Wenn man ihn heute fragen würde, dann würde er allerdings ganz sicher behaupten, dass ich es nie geschafft hätte, ihn zu überholen. Urs, es war und sei Dir gegönnt.

Eine weitere Überraschung erlebte ich, als ich erfuhr, dass die Teilnahme am firmeneigenen Drachenbootrennen für mich quasi Pflicht war. Nun ja, ein wenig paddeln sollte kein Problem sein. Doch wieder hatte ich mich getäuscht.

Das FVI Dragon Boat Racing Team war neben Umsatz und Ergebnis das Thema, das die gesamte Belegschaft begeisterte.

Die ersten Trainingseinheiten im Boot als einer der 20 Paddler bescherten mir unvergessliche Momente, Blasen an den Händen und Schmerzen in allen Gliedern. Urs war der Steuermann des Bootes, und mein Lagerleiter Mr. Lee war der Trommler, der mit unglaublicher Genauigkeit den Paddelrhythmus vorgab, dem wir Paddler zu folgen hatten. Wir 20 Paddler, zehn auf der linken und zehn auf der rechten Seite des Bootes, stachen genau diesem Rhythmus folgend unsere Paddel ins Wasser und brachten das Boot auf Tempo.

Trainiert wurde in der Saison 2–3-mal pro Woche nach Büroschluss oder am Wochenende auf dem Meer. Häufig wurden Trainingsrennen gegen Fischerleute oder auch Feuerwehrmannschaften in Sai Kung absolviert. Die übliche Renndistanz betrug je nach Austragungsort zwischen 500 und 800 Meter. Wer es noch nie ausprobiert hat, kann sich kaum vorstellen, wie ausgepowert man nach so einem Rennen ist. Die traditionell aus Holz gebauten Boote aus dem Stand auf Tempo zu bringen, dieses dann zu halten und im Finish noch einmal zuzulegen, verlangte einem alles ab.

Interessant ist insbesondere die Zusammensetzung des Teams. Vom Geschäftsführer, mir als General Manager, unserem Verkaufsleiter und diversen Managern bis hin zu einfachen Lagerarbeitern war das Team ein Spiegelbild der gesamten Belegschaft.

Die harten Trainingseinheiten bei Wind und Wetter, im Winter sogar mit Zirkeltraining im Treppenhaus des Bürogebäudes, ließen uns zwar oft fluchen, schweißten uns aber als Einheit zusammen. Plötzlich waren auch die Sprachkenntnisse oder besser gesagt meine unzureichenden Kantonesisch-Kenntnisse kein Problem und ich war in diesem Team einer wie alle anderen. Wir saßen tatsächlich alle im gleichen Boot, was sich auch auf die Zusammenarbeit im Tagesgeschäft übertrug. Es entwickelte sich ein außergewöhnliches Gefühl der Zusammengehörigkeit, das weit über die übliche kollegiale Zusammenarbeit hinausging.

Im deutschen Fußballumfeld sagt man dazu „Einer für alle, alle für einen".

Besonders die abendlichen Trainingsstunden auf dem Meer vor dem kleinen Städtchen Sai Kung in den sogenannten „New Territories" sind mir noch gut in Erinnerung. Manchmal waren wir fast allein auf dem Meer unterwegs und hörten lediglich das rhythmische Klatschen der Paddelschläge und das gelegentliche Stöhnen, wenn die Kräfte nachließen. Es gab aber auch kleine Wettkämpfe, bei denen wir uns mit den Booten der Fischer oder der lokalen Feuerwehr zum Rennen verabredeten. Das kam bei den abendlichen Besuchern des dortigen Piers sehr gut an, die plötzlich zu Zuschauern eines Drachenbootrennens wurden.

Unvergessen bleibt mir auch der Moment, als eine vorbei-fahrende Fähre unser Boot durch ihre Bugwellen so überspülte, dass wir innerhalb von Sekunden sanken. Die schweren Holzboote gingen zwar nicht komplett unter, aber wenn sie einmal voll mit Wasser waren, dann waren sie allein durch Paddeln nicht mehr vorwärtszubewegen. Dabei wurde mir auch erst klar, dass der eine oder andere Mannschaftskamerad gar nicht schwimmen konnte. Mit vereinten Kräften hielten wir die Nichtschwimmer über Wasser, bis die lokalen Fischerleute mit mehreren Booten zur Hilfe kamen, uns aufnahmen und das Drachenboot an den Strand schleppten. Dort konnten wir es dann wieder ausschöpfen und bereit für den nächsten Einsatz machen.

Wer nicht selbst im Boot saß, war in aller Regel als Fan bei den Rennen dabei, und das mit ganzem Herzen. Dadurch wurde mehr oder weniger die gesamte Belegschaft von diesem Mannschaftsgeist erfasst und sinnbildlich ins Boot geholt.

Anders als so manches Firmenboot von internationalen Firmen, die mit Expats an den Start gingen und das als große Gaudi betrachteten, waren wir ernsthafte Sportler. Wir maßen uns an den lokalen Teams und bei internationalen Rennen auch an den Teams aus anderen Ländern.

Unser Sieg als Firmenchampion beim internationalen Rennen in Sha Tin im Jahr 1998 ist ein unvergesslicher Moment. Während große lokale Unternehmen, die dort an den Start gingen, ihre Teams oft für Trainingstage oder gar Trainingswochen von der Arbeit freistellten, war das bei uns nicht möglich. Unsere Trainingseinheiten, die zwei bis drei Mal in der Woche abends nach Büroschluss oder am Wochenende stattfanden, mussten genügen, um uns konkurrenzfähig zu machen.

Wenn wir trainierten, dann taten wir das mit entsprechend großer Intensität. In den Wintermonaten von November bis Februar waren wir in der Regel nicht im Boot, um auf dem Meer zu trainieren. In dieser Zeit sollten wir uns aber keinen

Winterspeck zulegen und einer unserer Kollegen übernahm die Position des Fitnesstrainers. Er stellte ein Zirkeltraining für uns zusammen, das wir an zwei Abenden in der Woche im Treppenhaus unseres Bürogebäudes absolvieren mussten. Dort waren die verschiedenen Stationen mit Gewichten, Treppenlauf, verschiedenen anderen Fitnessübungen und, nicht zu vergessen, zwei Rudermaschinen aufgebaut, um unsere Körper für die jeweils nächste bevorstehende Rennsaison in Form zu bringen. Alle Ergebnisse der einzelnen Stationen wurden detailliert festgehalten, um auch zu sehen, ob wir in unserer Fitness Fortschritte erzielten. Dazu erhielten wir alle einen kleinen Koffer mit Gewichten, um auch zu Hause weiter trainieren zu können. Dort wurde dann aber zum Glück nicht kontrolliert, ob wir das auch umsetzten, sodass der Koffer von den meisten zu Hause selten geöffnet wurde.

So vorbereitet ging es dann in die Rennsaison und ab Februar/ März, je nach Wetterlage, begann auch wieder das Training im Boot. Neben der physischen Fitness stand vor allem die Technik im Vordergrund. Bei einem Drachenbootrennen müssen 20 Paddler absolut im Einklang stehen. Auf jede Änderung der Schlagzahl muss das ganze Team wie eine gut eingestellte und synchronisierte Maschine reagieren. Zum Start werden oft 120 Schläge pro Minute verlangt und erreicht, dann wird die Schlagzahl etwas abgesenkt, um bei Zwischenspurts auf den letzten Metern des Finals wieder eine ebenso hohe Schlagzahl zu erreichen. Dazu gibt es klare Kommandos und besonders wichtig sind die Trommelschläge des Trommlers an Bord. Ich bewundere bis heute die Fähigkeit meines damaligen Lagerabteilungsleiters, der mit der Präzision eines Schweizer Uhrwerks die Schlagzahl für uns Paddler vorgab.

Trotz all dieser intensiven und ernsten Vorbereitung waren wir bei den ganz großen internationalen Wettbewerben und auch im Vergleich mit den sehr großen Firmen und deren Booten das Team in der Außenseiterrolle.

Umso größer war daher der Jubel des Teams und der zahlreichen angereisten Kollegen in den Zuschauerrängen, als uns dieser Coup gelang und wir in einem spannenden Finish als erstes Boot im Finale die Ziellinie erreichten. Vergessen waren die Blasen an den Händen und die schmerzenden Muskeln. Voller Stolz nahmen wir an der Siegerehrung teil und die Trophäen und Medaillen entgegen.

Weitere Höhepunkte waren die Antritte bei Rennen in Taiwan, Fuzhou (China) und sogar in Prag (Tschechische Republik). Mit Stolz trugen wir bei diesen Auftritten die Bauhinia-Blüte, das Wahrzeichen Hongkongs, auf unseren Paddeln.

Allerdings fiel ich auch bei unseren Auslandsreisen zu diesen Drachenbootrennen immer etwas aus der Reihe, da ich mit meinem großen gelben Hartschalenkoffer unterwegs war, während die meisten meiner Mannschaftskameraden mit leichtem Gepäck reisten. Ich wollte auf alle möglichen Wetterverhältnisse eingestellt und dafür ausgerüstet sein. Das konnte keiner so richtig verstehen. Die Tatsache, dass sich in meinem gelben Koffer aber auch immer ein ausreichend großer Vorrat an Schokolade befand, man wusste ja nie, was es zu essen geben würde, machte mich oder besser gesagt meinen gelben Koffer zu einer beliebten Anlaufstation.

Das Hotelzimmer, das ich mir meist mit unserem Vertriebsdirektor Pang Tat Kay teilte, war dadurch immer gut besucht und der Schokoladenvorrat schnell vertilgt.

Teil des Teams zu sein, lehrte mich nicht nur einige Floskeln und das eine oder andere Schimpfwort auf Kantonesisch, wenn das Training wieder einmal allzu hart war. Es half mir auch, Tradition und Kultur besser zu verstehen und tiefer in sie einzutauchen.

Fußball ist weltweit eine der beliebtesten und am weitesten verbreiteten Sportarten. Als Hobbyfußballer in meiner Jugend und lebenslanger Fußballfan war es ein großer Spaß, mit meinen Kollegen in Hongkong gelegentliche Spiele auf leider damals hart asphaltierten Fußballplätzen inmitten der Großstadt zu bestreiten. Hohe Lufttemperaturen von über 30 °C und eine Luftfeuchtigkeit von oft über 90 % ließen mich jedoch erkennen, dass meine Einsätze eher von kurzer Dauer waren. Dennoch war ich immer gerne dabei, wenngleich ein Sturz auf dem asphaltierten Untergrund meist sichtbare Spuren auf der Haut hinterließ. Das durfte man sich dann nicht anmerken lassen.

Körperlich etwas weniger anstrengend, dafür aber mental eine Herausforderung war es, als Fußballfan meine deutsche Lieblingsmannschaft, den FC Bayern München, und bei internationalen Turnieren die deutsche Fußballnationalmannschaft zu unterstützen.

In Hongkong gibt es, wohl aufgrund der kolonialen britischen Vergangenheit, eine große Anzahl fußballbegeisterter Anhänger englischer Teams und der englischen Fußballnationalmannschaft. Bei entsprechenden Spielpaarungen englischer Mannschaften gegen deutsche Mannschaften war immer Spannung angesagt. Oft haben wir dann als Kollegen und konkurrierende Fans die Spiele gemeinsam verfolgt und uns gegenseitig in freundschaftlicher Weise herausgefordert.

Fußballinteressierten ist das Champions-League-Finale von 1998, das Spiel um die Krone der europäischen Fußballteams, sicher ein Begriff. Mein Lieblingsverein, der FC Bayern München, traf in diesem besagten Finale auf den englischen Meister Manchester United. Mein Verein führte nach einem frühen Tor knapp mit 1:0 über die gesamte reguläre Spielzeit. Innerhalb von zwei Minuten der vom Schiedsrichter angezeigten Nachspielzeit drehte Manchester United jedoch das Spiel und gewann schließlich das Finale mit 2:1. Für jeden Fan war das eine nervliche Zerreißprobe.

Ich hatte damals keine Möglichkeit, das Spiel zu Hause live im Fernsehen zu verfolgen. Onlinestreaming gab es in der heute bekannten Form auch noch nicht, aber ein Kollege in der Firma hatte den notwendigen Satellitenempfang für einen Fernsehkanal, der das Spiel übertrug. Ich bat jenen Kollegen, der leider auch noch das englische Team unterstützte, dieses Spiel bitte aufzuzeichnen und mir am nächsten Morgen die Videokassette – so hieß das damals noch – auf den Schreibtisch zu legen. Ich wollte allerdings weder von ihm noch von jemand anderem erfahren, wie das Spiel ausgegangen war. Selbst zu Hause hatte ich meine Frau gebeten, am Morgen kein Radio zu hören, und bitte auch die Tageszeitung vor mir erst einmal zu verbergen.

Mein Plan war einfach. In der Mittagspause würde ich mich mit der Videoaufzeichnung in unseren Konferenzraum zurückziehen und mir dort in aller Ruhe das Spiel ansehen. Gesagt, getan, so geschah es auch. Das Spiel begann, wie bereits gesagt mit einem frühen Tor meines Teams. Mit nur noch wenigen Minuten der regulären Spielzeit auf der Uhr fühlte ich mich bereits im Siegesrausch. Ich nahm den Telefonhörer in unserem Konferenzraum ab, wählte die Nummer des freundlichen Kollegen, der nun leider das Verliererteam unterstützt hatte, um seine Glückwünsche für den Sieg meines Teams entgegenzunehmen. In diesem Moment fiel das Ausgleichstor, weshalb ich den Hörer sofort wieder auflegte. Drei Minuten später war das Spiel zu Ende und das zweite Tor des gegnerischen Teams hatte alle Träume beendet. Ohne meinen Kollegen anzurufen, schlich ich mit gesenktem Kopf wieder in mein Büro und tat so, als hätte mich das gar nicht berührt. Natürlich erschien er bald darauf selbst bei mir im Büro und ich musste ihn beglückwünschen.

Das gemeinsame Interesse am Sport und die Begeisterung für die jeweiligen Lieblingsmannschaften halfen uns, uns auch auf privater Ebene besser kennenzulernen. Dies wirkte sich wiederum positiv auf die tägliche Zusammenarbeit aus.

Ähnlich wie Fußball in Europa, Südamerika und großen Teilen Asiens hat Cricket in Indien, England und vielen anderen Ländern des Commonwealth eine große Bedeutung.

Ich muss jedoch gestehen, dass mir Cricket immer fremd war und ich die Regeln gar nicht kannte. Während eines meiner vielen Besuche unserer Büros in Indien sollte sich das aber ändern.

Zusammen mit Sanjeev Wadhwa, meinem damaligen Kollegen im Management-Team von TMS, war ich in Delhi, um ein neues Büro zu besuchen. Dieses Mal war ich nicht dort, um einer weiteren Pooja-Zeremonie beizuwohnen, sondern um die neuen Räumlichkeiten mit einem kleinen Workshop und anschließend einer kleinen Feier mit den Mitarbeitern einzuweihen.

Unser Hotel in Delhi war ca. 1,5 Stunden Autofahrt entfernt und Sanjeev hatte mich im Laufe des Nachmittags schon mehrfach daran erinnert, dass uns noch eine lange Autofahrt ins Hotel bevorstünde. Die Stimmung im Büro war ausgezeichnet, weshalb wir kurzentschlossen noch etwas zu essen bestellten, um die Zeit mit den Mitarbeitern in gemütlicher Atmosphäre ausklingen zu lassen. Warum also dieses Drängen von ihm, möglichst bald aufzubrechen? Auf meine Nachfrage erfuhr ich, dass um 19:00 Uhr ein Cricketspiel zwischen Indien und dem Team der Westindischen Inseln stattfinden würde. Die kleine Feier im Büro deswegen frühzeitig zu verlassen, erschien mir unpassend. Meinem Kollegen und Freund Sanjeev die Chance zu vermiesen, das Spiel live im Fernsehen verfolgen zu können, war ebenfalls keine Option. Es sollte doch möglich sein, den neugestalteten Besprechungsraum ordentlich einzuweihen und dort einen Livestream des Spiels auf einer Leinwand oder der weißen Wand des Besprechungszimmers zu übertragen.

Dies wurde schließlich auch durch die Mithilfe unseres tüchtigen IT-Leiters im dortigen Büro möglich gemacht. Kurzerhand versammelte sich fast die gesamte Belegschaft um 19:00 Uhr in dem Besprechungsraum, der für eine so große Anzahl an

Personen eigentlich zu klein war, um gemeinsam das Spiel zu verfolgen.

Beim Cricket gibt es unterschiedliche Austragungsmodi, die bestimmen, wie lange ein Spiel dauert. Bei diesem Spiel handelte es sich um das sogenannte T20-Format, das schnellste und kürzeste Spiel mit einer Spieldauer von bis zu drei Stunden.

Mit großer Begeisterung schauten also alle meine lokalen Kollegen dem Spiel zu und mir als Neuling in puncto Cricket wurde eine Lehrstunde über die Regeln, die Topspieler Indiens und die Bedeutung von Cricket im ganzen Land erteilt. Ein großartiges Erlebnis, auch wenn das Spiel für Indien am Ende verloren ging.

Auch wenn man selbst sicher nicht jede Sportart mag oder ausübt, so ist Sport doch weltweit eine Möglichkeit, sich mit anderen Menschen und in diesem Fall mit Mitarbeitern, auszutauschen. Solche gemeinsamen Erlebnisse lassen Teams zusammenwachsen und funktionieren über Länder und Sprachen hinweg.

KAPITEL 7

Teamarbeit, Teambildung - Europa versus Asien

Teamarbeit ist im Sport, wie gerade beim Drachenboot beschrieben, ein Muss. Das gilt weltweit und wird nicht groß infrage gestellt. Wie aber ist das mit Teamarbeit im beruflichen Umfeld in Asien? Gelten da die gleichen Regeln oder gibt es doch kulturell bedingte Unterschiede, wie man seine Teams führt und weiterbildet?

Meine erste eigene Erfahrung mit Teambildung im beruflichen Umfeld habe ich noch in Deutschland gemacht, als der damalige Vorstandsvorsitzende der Unternehmensgruppe Freudenberg eine Reihe von Mitarbeitern, zumeist Abteilungsleiter von Zentralfunktionen der Gruppe sowie einige ausgewählte Mitarbeiter ohne direkte Personalverantwortung, zu einem Teambildungswochenende in den Schwarzwald einlud.

Das Wochenende stellte sich als eine Mischung aus Assessment-Center mit diversen Aufgabenstellungen, die zum Teil in Kleingruppen und zum Teil allein bearbeitet und vorgestellt werden mussten sowie einem zeitlich ebenso großen Anteil an gemeinsamem Wandern in der schönen Umgebung des Schwarzwalds heraus. Während man bei den Wanderungen die Möglichkeit bekam, mit den anderen Teilnehmern auch privat zu reden und sich einfach näher und besser kennenzulernen, war der Teil der Bearbeitung der genannten Aufgaben doch tatsächlich nicht ganz stressfrei. In dem recht exklusiven Kreis der Teilnehmer und vor den Augen des Vorstandsvorsitzenden wollte sich natürlich niemand eine Blöße geben. Jedes vorgelegte Ergebnis, ob von einer Kleingruppe oder von einem einzelnen Teilnehmer präsentiert, wurde direkt kommentiert und auch durchaus bewertet. Die Anstrengung, körperlich wie geistig, war allen anzumerken. Unterm Strich empfand ich dies dennoch als eine positive Erfahrung.

Nun stellt sich die Frage: Wäre so etwas auch eine geeignete Form der Teambildung in Hongkong oder allgemein in Asien?

Nun, meiner Erfahrung nach ist es nicht ratsam oder erfolgversprechend, ein in Deutschland bewährtes Teambildungskonzept 1:1 nach China oder in andere asiatische Länder zu übertragen. Ein Grund dafür sind die hierarchischen Strukturen, die in asiatischen Ländern allgemein noch sehr viel stärker ausgeprägt sind als in westlichen Ländern.

Der Boss ist nun mal der Boss. Allein die Anwesenheit des Vorgesetzten bestimmt das Verhalten und die Reaktionen der Mitarbeiter deutlich mehr als in westlichen Unternehmungen. Natürlich gibt es auch in der westlichen Welt hierarchische Strukturen und auch einen gewissen Respekt vor den Vorgesetzten. Doch hat sich über viele Jahre hinweg ein eher kollegialer Umgangston entwickelt und insbesondere konstruktive Kritik oder Vorschläge von Mitarbeitern werden in den Chefetagen durchaus gewünscht und gefördert.

In einer Vielzahl chinesischer und/oder asiatischer Länder ist das noch etwas anders. Natürlich wünschen sich auch die dortigen Vorgesetzten konstruktive Vorschläge und ggf. auch etwas Kritik, aber das wird dann nicht vor großem Publikum oder im Rahmen einer Teambildungsmaßnahme erwartet, sondern in einem Einzelgespräch oder in ganz kleiner Runde. Weder die Vorgesetzten noch die Mitarbeiter möchten in großer Runde Unvorhergesehenes oder Überraschungen erleben und dann vor den Augen aller anderen Gesprächsteilnehmer dazu ad hoc Stellung beziehen.

Diese Strukturen sind eben auch Ausdruck der kulturellen Prägung der Menschen und besonders in China ist es von enormer Bedeutung sein Gesicht zu wahren. Sich vor anderen eine Blöße zu geben, öffentlich korrigiert oder gemaßregelt zu werden, sind Dinge, die man nicht vergisst und die eine Zusammenarbeit unter Umständen unmöglich machen.

Bei der Teambildung und der Teamarbeit sollte man daher darauf achten, dass die Bewertung und Kritik einzelner Teilnehmer nicht zu einer Bloßstellung vor der Gruppe führt. Stattdessen sollten die positiven Eindrücke aus den Ergebnissen der gemeinsamen Teamarbeit besprochen und gefeiert werden.

Eine Sache, die jedoch sowohl im Westen als auch im Osten gut funktioniert, ist, für eine wirkliche Teambildung möglichst alle, zumindest aber viele Teilnehmer eines Workshops aus ihrer normalen Umgebung und Komfortzone herauszunehmen. Zwei Workshops in China sind mir dazu in guter Erinnerung geblieben.

Reise in die Innere Mongolei im hohen Norden Chinas

Ende der 90er-Jahre versammelten wir bei Freudenberg & Vilene International Ltd. jedes Jahr die Büroleiter unserer China-Büros sowie deren Hauptkontaktpersonen aus unserer Hongkonger Zentrale zu einer Landeskonferenz. Dabei diskutierten wir die üblichen Rückblicke auf die Geschäftsverläufe und noch wichtiger, die Zielsetzungen für die laufenden und zukünftigen Jahre.

Im Anschluss an unsere Konferenz, die 1998 in Peking stattgefunden hatte, begaben wir uns mit der gesamten Truppe auf die Reise in die Innere Mongolei. Einem kurzen Inlandsflug von Peking nach Hohhot folgte eine recht lange, abenteuerliche Busfahrt, die uns weit außerhalb der Städte in ein zwar für Touristen gedachtes, aber dennoch sehr urtümliches Zeltdorf führte. Diese traditionellen Zelte werden Jurten genannt und von Nomaden in der Mongolei und anderen Teilen Zentralasiens genutzt. Es handelt sich dabei um runde, recht große Strukturen und in dem von uns besuchten Dorf gab es für die Gäste sogar Standard- und De-luxe-Jurte, die von zwei bis sechs Personen belegt werden konnten. Aufgrund unserer Stellung im Unternehmen wurde Urs und mir eine De-luxe-Jurte zugeteilt. Diesen kleinen Luxus nahmen wir gerne an.

Das erste Ziel war erreicht, denn dies war eine Umgebung, die weder unsere Festlandchinesen noch Hongkonger Kollegen noch die westlichen Teilnehmer gewohnt waren. Wir alle befanden uns in einer neuen und fremden Umgebung.

Da wir die geschäftlichen Themen in den ein bis zwei Tagen Konferenz zuvor in Peking ausgiebig diskutiert hatten, konnte unser Aufenthalt in der Inneren Mongolei nun wirklich überwiegend dazu dienen, dass wir unsere anderen Teammitglieder auch persönlich näher und besser kennenlernen.

Die Hochebenen und Grassteppen bilden einen ganz speziellen Lebensraum, in dem die Bewohner traditionell von Viehzucht leben. Die Umwandlung von Weideflächen in intensiv genutzte landwirtschaftliche Gebiete sowie der Abbau bedeutender Vorkommen an Bodenschätzen wie Kohle, Eisenerz, Aluminium und Uran drängen die traditionellen Viehzüchter heute jedoch in immer weiter entlegene Gebiete.

Dennoch spielt die Tradition nach wie vor, und Ende der 90er-Jahre ggf. noch mehr als heutzutage, eine wichtige Rolle. So gehörten die Teilnahme an traditionellen Ringkämpfen und ein ausgiebiger Ausflug zu Pferd zu unserem Tagesprogramm.

Mongolische Pferde sind eher etwas kleiner und mit teils eigenartig aussehenden und ungewohnten Satteln ausgestattet. Hinzu kam, dass wohl nur ein oder zwei Teilnehmer jemals zuvor auf einem Pferd gesessen oder gar ein Pferd geritten hatten. Ein bisschen Gruppenzwang ließ dann aber schnell jeden Zweifel an den eigenen Reitfähigkeiten schwinden und der Reitausflug begann.

In der Tat war der Beginn sehr gemächlich. Im Schritttempo folgten die Pferde mit uns auf ihren Rücken dem Anführer, der uns von Hügel zu Hügel durch die Steppenlandschaft leitete. Immer wieder legten wir kurze Stopps ein, um den Blick bis zum Horizont zu genießen oder um an Steindenkmälern Halt zu machen und eine kurze Erklärung zu ihrem Sinn und Zweck zu erhalten. „In der Stille liegt die Kraft", sagt ein deutsches Sprichwort, und auch wenn es bei uns nie ganz still wurde, so hatte die Einfachheit und Weitläufigkeit der Umgebung eine ganz besondere Wirkung auf alle Teilnehmer. Immer wieder ergaben sich Gelegenheiten, sich mit dem gerade an der Seite reitenden Kollegen über diese Eindrücke zu unterhalten. Die Themen hatten dann wenig mit dem Geschäft zu tun, sondern waren eher persönlicher Art und von den gemeinsamen Eindrücken geprägt.

Die Erinnerung daran, dass wir uns alle in einer dynamischen und schnellen wirtschaftlichen Entwicklungsphase befanden und darin erfolgreich sein wollten, wurde uns quasi auf „tierische Art" in Erinnerung gebracht, als wir uns nach einigen Stunden wieder dem Lager näherten und unser Führer seinem und damit auch unseren Pferden signalisierte, dass es nun im Galopp nach Hause und zu den Futterstellen gehen durfte.

Zu dem Zeitpunkt fühlten wir uns bereits wie erfahrene Reiter, da zuvor stundenlang alles prima im Schritt funktioniert hatte.

Mit viel Übermut und noch mehr Glück gelangten wir schneller als gedacht und mächtig durchgeschüttelt alle wieder ins Lager zurück. Oh, nicht wirklich alle, denn ein einzelnes Pferd zählt da nicht, oder? Leider hatte es einen unserer Kollegen bei dem fulminanten Ritt zurück aus dem Sattel gehoben. Er kam daher mit kleiner Verspätung und zum Glück nur mit ein paar blauen Flecken die letzten Meter zu Fuß zurück. Vielleicht war das ein kleiner Wink mit dem Zaunpfahl, wie schnell sich Dinge ändern können und dass auch schnelles Geschäftswachstum oft durch unerwartete Ereignisse gebremst werden kann.

Auch bei der Mitwirkung einzelner Teilnehmer unserer Gruppe beim Ringwettkampf wurde schnell deutlich, dass wir Städter der Kraft und Technik der lokalen Ringer zwar zum Teil mehr Gewicht, aber sonst nichts entgegenzusetzen hatten.

Am Abend gab es ein traditionelles Barbecue. Zum Glück war kein Vegetarier unter uns, denn dieser wäre an diesem Abend eher hungrig in seine Jurte gegangen. Nicht vergessen kann ich auch die Einladung unserer lokalen Reiseführerin, die uns nach dem schweren und etwas fettreichen Essen empfahl, ein Gläschen eines hochprozentigen Getränks zwecks besserer Verdauung zu uns zu nehmen. Natürlich wollten wir dazu nicht Nein sagen. In aller Ruhe machte sie die Runden und versorgte uns nacheinander mit einem Glas. Zum Erstaunen aller trank sie dann mit jedem von uns selbst ein Glas mit. Allein der Gedanke an dieses Getränk lässt meinen Rachen erneut brennen, und ich wundere mich bis heute, wie die junge Dame die vielen Gläser ohne Trunkenheitsanzeichen überstand.

Was hier vielleicht mehr wie eine nette Urlaubsgeschichte klingt, hat dieses Team jedoch zusammengeschweißt und in den folgenden Jahren zu vielen gemeinsamen Erfolgen geführt.

Es war auch interessant, Teams länderübergreifend zu Workshops zusammenzubringen, mit dem Ziel, dass sie im Anschluss gemeinsam kundenorientiert an Aufgaben arbeiten. In den Jahren 2002 bis 2017 war ich zunächst als CFO im Management-Team und in den letzten drei Jahren als alleiniger Geschäftsführer der TMS Group für die Gesamtgeschäfte verantwortlich. Diese Firmengruppe hatte sich auf die Beschaffung von Bekleidung aus China und Südostasien für globale Modemarken spezialisiert.

Interne Designteams arbeiteten eng mit den Designern der Kunden an der Entwicklung neuer Produkte für die jeweiligen Saisons zusammen, wobei die Produktion an Fabriken vergeben wurde, die nach erfolgter Fertigung und Qualitätsprüfung die Waren direkt an die Kunden verschifften.

Die Präsenz durch eigene Büros und Mitarbeiter in Hongkong, China, Indien, Indonesien und Bangladesch war ein entscheidender Vorteil gegenüber vielen Agenturen, die nur national in einem Land agierten. Dadurch war die TMS Group in der Lage, unseren Kunden zielgerichtet Produkte aus dem jeweils am besten geeigneten Land anzubieten. Das bedeutete nicht, dass automatisch das Land mit den geringsten Lohnkosten gewählt wurde, sondern es wurden auch die jeweiligen Fähigkeiten dieser Länder in Bezug auf spezifische Produktgruppen, Materialien, Schnelligkeit, Produktionseffizienz sowie Design- und Entwicklungsfähigkeiten berücksichtigt.

Das bedeutete aber auch, dass unsere Inhouse-Design-Teams und Key-Account-Manager für unsere Hauptkunden der Zielsetzung folgten, dem Kunden das beste Produkt zu liefern, egal aus welchem Land. Unter Umständen mussten sie also auch einmal Aufträge an ein anderes Büro/Land innerhalb der Gruppe abgeben, die sie gerne selbst erledigt hätten, die aber eben nicht das am besten geeignete Land waren.

Nun muss man wissen, dass es in Asien, wie wohl auch sonst überall auf der Welt, viele Vorurteile gegenüber anderen Nationen und deren Bewohnern gibt. Neben den eigenen Egos galt es also auch, diese Vorurteile zu überwinden, die nicht immer sehr offensichtlich waren oder zumindest nicht offen gezeigt wurden. Meiner Erfahrung nach sind Missverständnisse und Unkenntnis über andere Kulturen immer die Auslöser für solche Vorurteile.

Diese Vorurteile lassen sich am besten durch gemeinsam verbrachte Zeit und gemeinsam gemachte Erfahrungen abbauen.

Es war daher zunächst notwendig, die jeweiligen Mitarbeiter persönlich zusammenzubringen. Zu diesem Zweck rief ich unsere Design-Workshops ins Leben. Jeweils in einem der Büros trafen sich die Designteams der gesamten Gruppe und taten zunächst einmal das, was sie am liebsten machten: Sie arbeiteten kreativ, brainstormten und präsentierten

Mini-Fashion-Shows der selbst designten Teile. Anschließend konnten die notwendigen Strukturen der Zusammenarbeit sowie die Zielsetzungen für die lokalen Teams und die Gruppe als übergeordnete Instanz besprochen werden.

Anschließend musste aber auch wieder Freiraum außerhalb der Büroräume und Showrooms geschaffen werden. Ähnlich wie ich es Jahre zuvor selbst erlebt hatte, hielt ich ein Outing (also hier einen Ausflug mit Mitarbeitern und Kollegen) nach solchen Treffen für das geeignete Mittel, um diesen zusätzlichen Moment der Begegnung und des besseren Kennenlernens zu schaffen.

Eroberung der Chinesischen Mauer

Nach einem der Design-Workshops in Peking 2016 unternahmen wir einen Ausflug zur Chinesischen Mauer. Schon der Besuch und der teils durchaus mühsame Weg auf und entlang der Mauer allein ist ein Erlebnis, das wohl kaum jemand vergisst.

Bei solchen Veranstaltungen gibt es immer unterschiedliche Aspekte, auf die man Wert legen kann oder möchte. Mir war es hierbei wichtig, alle Teilnehmer zunächst komplett aus ihrer gewohnten Umgebung herauszunehmen. Schon die knapp zweistündige Busfahrt von Peking nach Mutianyu, dem ausgewählten Abschnitt der Chinesischen Mauer, ermöglichte es den Teilnehmern, untereinander ins Gespräch zu kommen, ohne dass eine Agenda oder spezielle Themen vorgegeben waren. Ein buntes Stimmengewirr aus Englisch mit den diversen Aussprache-Nuancen von Chinesen, Indern, Bangladeschis, Deutschen und Indonesiern begleitete uns auf der gesamten Strecke.

Entgegen der oft geäußerten Aussage ist die Chinesische Mauer zwar weder vom Mond aus noch von der Internationalen Raumstation in rund 400 km Entfernung mit bloßem Auge zu sehen. In natura ist sie aber allemal beeindruckend. Ihre unglaubliche Dimension wird einem erst bewusst, wenn man vor bzw. auf ihr steht. Sie erstreckt sich in jede Richtung bis zum Horizont.

Der Marsch entlang und auf der Chinesischen Mauer ist kein einfacher Spaziergang und stellte die Kondition des einen oder anderen Teilnehmers ein wenig auf die Probe. Die Aussicht, die man an verschiedenen Stellen immer wieder in anderer Form genießen konnte, trieb uns jedoch immer weiter. Zudem waren wir als Team oder manchmal auch in kleineren Gruppen unterwegs und man unterstützte und motivierte sich gegenseitig. Schwierigkeiten, wie in diesem Fall teilweise Erschöpfung und Anstrengung gemeinsam zu überstehen, schweißt zusammen.

Gemeinsam mit meinem lokalen Team vor Ort unter der Leitung von Helen Wu, unserer langjährigen Büroleiterin in Peking, hatte ich eine Möglichkeit entdeckt, den Besuch der Chinesischen Mauer mit einem unerwarteten Höhepunkt zu krönen. Nach etwa zwei bis drei Stunden Wanderung auf der Mauer hatten wir auf einem der Wachtürme ein Catering organisiert. Alle waren körperlich etwas erschöpft, denn eine Wanderung auf der Chinesischen Mauer bedeutet immer, Tausende von Stufen hinauf- und wieder hinunterzusteigen. Deshalb war die Überraschung, auf einem der Wachtürme mit Speis und Trank versorgt zu werden, ein echter Höhepunkt. Dazu hatten wir fantastisches Wetter und dementsprechend gute Sicht.

Ein wenig Glück gehört dazu, und an diesem Tag passte einfach alles zusammen. Noch Jahre danach sprachen die Teilnehmer von diesem Outing und dem dadurch entstande-nen bzw. deutlich verstärkten Gemeinschaftsgefühl. Wir hatten gemeinsam die Chinesische Mauer „erobert" und waren nun bereit, auch die nächsten Geschäftsziele zu erobern.

Positive Erlebnisse führen eben zu viel besseren Ergebnissen als permanente Kritik und die Reduzierung von Beziehungen auf die reine Arbeitsebene.

Es gibt viele Möglichkeiten, Teambildung zu fördern. Dennoch ist Teamarbeit nicht immer das richtige Instrument. So gibt es Menschen, die einzeln bessere Leistungen bringen als in einem Team, und Menschen, die sich untereinander nicht verstehen. Das mag nicht fachlich bedingt sein. Es gibt einfach Charaktere, die so unterschiedlich an eine Aufgabe herangehen, dass es kontraproduktiv wäre, sie gemeinsam als Team an dieser Aufgabe arbeiten zu lassen. Dies gilt selbstverständlich für Teamarbeit und Teambildung weltweit und ist nicht unbedingt mit unterschiedlichem kulturellem Background zu erklären. Allerdings haben unterschiedliche kulturelle Erfahrungen und das Aufwachsen in verschiedenen Kulturen einen großen Einfluss auf die Arbeits- und Denkweise eines jeden Einzelnen.

Bei der Zusammensetzung von Teams habe ich daher stets versucht, sowohl die fachlichen Fähigkeiten als auch die menschlichen und kulturellen Eigenschaften der einzelnen Personen zu berücksichtigen, um ein möglichst schlagkräftiges Team zu bilden.

KAPITEL 8

Managementstil – wie man führt

Oft wurde ich gefragt, welchen Managementstil ich für erfolgreich halte, insbesondere bei der Zusammenarbeit und Führung multinationaler Teams.

Die Antwort lautet: Den einen erfolgreichen Managementstil gibt es nicht. Zunächst einmal glaube ich, dass der eigene Managementstil sehr stark durch die eigene Persönlichkeit und die Charaktereigenschaften geprägt ist.

Welche Stärken und Schwächen hat man selbst? Welche Werte sind einem besonders wichtig? Mit welchem Managementstil erreiche ich die größte Effizienz? Welche Außenwirkung will ich erreichen und wie wichtig ist mir dabei die eigene Reputation?

Im Laufe meiner Karriere und ebenso im Laufe meiner privaten Entwicklung habe ich wie jeder Mensch ein Gespür dafür entwickelt, wo meine Stärken und Schwächen liegen. Ich war von jungen Jahren an ein hilfsbereiter, diplomatischer und auf Harmonie bedachter Mensch. Ich hatte immer viele Freunde. Trotz meiner sehr guten schulischen Leistungen war ich nie der Streber in der Klasse. Ich hatte Freunde aus unterschiedlichen sozialen Schichten. Das alles würde sehr auf einen demokratischen und partnerschaftlichen Managementstil hindeuten.

Doch auch wenn mir Werte wie Hilfsbereitschaft, Empathie, Diplomatie und Harmonie nach wie vor sehr wichtig sind, kann ich nicht sagen, dass sie meinen eigenen Managementstil umfassend beschreiben. Neben diesen Werten gibt es die harten Fakten und Ergebnisse. Ziele, die man sich selbst setzt oder die einem vorgegeben werden, müssen erreicht werden und daran muss man sich messen lassen.

Die Umsetzung von Zielvorgaben durch tagtägliche Entscheidungen in die richtigen Bahnen zu lenken, Fehler schnell zu erkennen und zu korrigieren, all das geschieht in der Regel datenbasiert. Ob es sich dabei um Umsatz- oder Verkaufsziele, die Akquise von Neukunden, die Senkung von Kosten, die Anpassung von Prozessabläufen an ständig wechselnde Anforderungen oder die Aufrechterhaltung der Motivation der Mitarbeiter handelt, solche Ziele müssen immer, soweit möglich, messbar bleiben oder gemacht werden, um den Erfolg der Maßnahmen bewerten zu können.

Die Frage nach der Effizienz ist vielleicht diejenige, die mir am wichtigsten erscheint. Sie hat mich am ehesten dazu bewegt, weiterhin empathisch und hilfsbereit zu sein, bei der Entscheidungsfindung aber mit einer gewissen Autorität vorzugehen und eben eine Entscheidung zu treffen. Teil meines Verständnisses von effizientem Management ist es auch, ab und zu die Geduld zu verlieren und wenn nötig eine Entscheidung „von oben herab" zu treffen, auch wenn die Aufgabe ursprünglich an einen oder mehrere Mitarbeiter delegiert war.

Neben den Persönlichkeitsmerkmalen sind die jeweilige Unternehmenskultur und das allgemeine kulturelle Umfeld aus meiner Sicht ebenso wichtige Faktoren, die Einfluss auf den Managementstil haben.

Management im westlichen Umfeld in Europa oder den USA und Management im östlichen oder fernöstlichen Umfeld erfordern eine gewisse Anpassung des eigenen Managementstils an eben diese Umgebungen. Hinzu kommt, ob es zusätzliche interkulturelle Faktoren gibt, sprich Teams, die aus multikulturellen Mitarbeitern bestehen.

So wie sich eine im Westen erfolgreiche Teambildungsmaßnahme nicht einfach in Asien ein- und umsetzen lässt, gilt das auch für den Managementstil. Während sich im Westen oft ein deutlich partnerschaftlicher Umgang mit den Mitarbeitern als wesentlicher Faktor des Managementstils einbeziehen lässt, ist dies aus meiner Erfahrung in Asien nur bedingt machbar.

Ich bin durchaus der Meinung, dass die Delegation von Aufgaben und Verantwortung ein ganz wichtiges Element in der Führung von Mitarbeitern und ein Bestandteil meines individuellen Managementstils ist. In China und vielen Ländern Südostasiens ist nach der Delegation ein engeres Netzwerk zur Kontrolle von Fortschritt und Effizienz notwendig. Im westlichen Umfeld hingegen, wie ich es in den ersten Jahren meiner beruflichen Laufbahn kennengelernt hatte, war bei jedem Mitarbeiter bereits ein größeres Bewusstsein für die übertragene Verantwortung und somit für den erwarteten Erfolg oder die Zielerreichung vorhanden.

In Asien habe ich es häufiger erlebt, dass sich Mitarbeiter bei ersten Problemen mit der ihnen übertragenen Aufgabe oder Verantwortung schneller wieder in eine passive Rolle zurückziehen und sich von ihrem Vorgesetzten erhoffen, dass er oder sie das Problem löst und eine Entscheidung trifft. Entscheidungen „Top Down" sind nach wie vor die Regel. Selbst wenn das nicht der eigenen Idealvorstellung eines Managementstils entspricht, ist dies etwas, das es zu bedenken gilt.

Ich halte es daher für unmöglich, einen Managementstil als den richtigen zu bezeichnen. Vielmehr ist es die Anforderung an das Management und jeden einzelnen Manager, den Managementstil an die jeweilige Situation, das kulturelle Umfeld, die involvierten Personen und die Dringlichkeit der Aufgabenstellung anzupassen.

Ich denke, dass mein eigener Managementstil auf partnerschaftlichen Ansätzen basiert und dass ich meinen Mitarbeitern mit ihren Aufgaben auch die entsprechende Verantwortung sowie

Entscheidungsbefugnis übertragen habe. Dann aber achte ich sehr genau darauf, ob ich die Effizienz und Zielerreichung sehe oder einschreiten muss. In letzterem Fall kann das dann in gewisser Weise zu einem autoritären Stil führen, bei dem ich die Entscheidung selbst treffe und die Richtung klar vorgebe.

In dem meist noch traditionelleren und hierarchischen Umfeld in Asien ist es mir immer wieder passiert, dass ich selbst überrascht war, wenn ich erfuhr, wie sehr der Respekt vor mir und meiner Position im Unternehmen auch Mitarbeiter einschüchterte, die ich schon lange kannte. Diese Mitarbeiter nun zu zwingen, eine an sie delegierte Aufgabe auf jeden Fall selbst zu Ende zu bringen und eigenständig Entscheidungen zu treffen, wäre kontraproduktiv gewesen, da sie eigentlich darauf warteten, dass ich ihre Arbeit bewerte und auf dieser Grundlage Entscheidungen treffe.

Das ist jedoch keine Standardregel oder Aussage. Natürlich möchte man seine Mitarbeiter fördern und ihre Weiterentwicklung beobachten. Durch entsprechendes Coaching sind auch viele in der Lage, mehr und mehr Entscheidungsverantwortung zu übernehmen. Ein Beispiel, das mir dazu einfällt, ist meine langjährige Finanzchefin im Unternehmen. Zu Beginn unserer Zusammenarbeit hätte sie trotz ihrer Kompetenz und ihrem Fachwissen zum Beispiel bei Themen der Devisenabsicherung nie eine Entscheidung über einen solchen Devisenhandel oder die Absicherung gefällt, selbst wenn ich ihr dazu in einem gewissen Rahmen die Entscheidungsbefugnis gegeben hatte. Ich ließ sie dann eben nicht nur die vorhandenen Optionen aufzeigen, sondern half ihr auch, von Mal zu Mal einen bereits besseren und nachvollziehbaren Vorschlag zu erarbeiten, den wir dann gemeinsam besprachen, um zu einer Entscheidung zu gelangen, die im spezifischen Fall die richtige war. Nach einigen Monaten war dies ein Thema, das ich guten Gewissens delegieren konnte und bei dem ich nur noch in Ausnahmefällen zur Entscheidungsfindung gebraucht wurde.

Je schwieriger die Entscheidungen sind, beispielsweise wenn es um Kostenreduzierungen und damit einhergehend auch Personalabbau oder gar eine Büroschließung geht, desto mehr ist ein empathischer Ansatz und Umgang mit solchen Situationen gefragt. Ich habe schon viele Kündigungen aussprechen müssen. Einige Male aus triftigen Gründen, wenn Mitarbeiter letztlich fachlich nicht überzeugten, aber auch viele Male, weil die Marktentwicklung einzelner Produkt- oder Kundenbereiche es nicht mehr erlaubte, Mitarbeiter für diese Aufgaben bereitzustellen, und es keine alternativen Beschäftigungsmöglichkeiten im Unternehmen gab. Teilweise waren es auch finanzielle Schwierigkeiten und Konkursverfahren unserer Kunden oder dann die Coronapandemie, die einen Personalabbau unabdingbar machten. Keines dieser Gespräche war leicht und zum Teil traf es auch Mitarbeiter, die ich selbst eingestellt und mit denen ich viele Jahre zusammengearbeitet hatte. Ich habe diese Gespräche jedoch nie der Personalabteilung allein überlassen, sondern mich der Situation gestellt und die Gründe für eine derartige Kündigung dargelegt. Mit einigen dieser Mitarbeiter stehe ich bis heute in Kontakt und habe ihnen hin und wieder mit Rat und Tat bei der Entscheidung, zu einem anderen Unternehmen zu wechseln oder eine Beförderung anzustreben, geholfen. Trotz der für sie damals unangenehmen und sicher enttäuschenden Entscheidung ist es mir gelungen, Empathie vorzuleben und den persönlichen Kontakt zu ihnen zu bewahren.

Während meiner nur kurzen Zeit im Board eines dänischen Start-ups ist mir erst im Nachhinein klar geworden, dass ich meinen Managementstil nicht wirklich angepasst hatte. Ich habe dort keine operative Managementverantwortung ausgeübt. Das fiel mir zum Teil schwer, da ich gerne Entscheidungen getroffen hätte, dies dem geschäftsführenden Management aber nicht aus der Hand nehmen durfte. Mit dem für mich gewohnten Stil aus Empathie, aber klarer Ansage, Delegation von Verantwortung, aber deutlicher Forderung von Ergebnissen, bin ich sicherlich teils sehr autoritär wahrgenommen worden. In diesem Fall war es weniger das kulturelle Umfeld im Allgemeinen als die andere Unternehmenskultur eines Start-ups, an die ich meinen Managementstil besser hätte anpassen können. Das ist eine gute Erinnerung daran, dass das Lernen nie aufhört und man offen für Neues bleiben muss.

Unabhängig davon, welchen Managementstil man für sich selbst als den effizientesten empfindet, ist es die Führung der Menschen, mit denen man an der Erreichung von Zielen arbeitet, die aus meiner Sicht entscheidend ist. Meine Erfahrung aus der Führung von Skischülern in vielen Skikursen war es, dass ich meinen Führungsstil eben auch auf die Charaktere in der jeweiligen Gruppe ausrichten musste. Hatte ich mehrere sensible Jugendliche in meinem Kurs, durfte ich sie nicht so direkt auf mögliche Fehler hinweisen, wie ich das bei den fast schon zu selbstbewussten Teilnehmern machen musste, um sie vor ihrem eigenen Übermut und dadurch möglichen Unfällen zu bewahren.

Folgerichtig muss ich beim Führen von Mitarbeitern ebenfalls einschätzen, mit welcher Ansprache sie am besten zu erreichen sind, um die bestmögliche Leistung zu erbringen. Mein Rat an jeden, der Führungsverantwortung übernehmen will oder diese bereits hat, ist es, sich die Zeit zu nehmen und die Menschen, die man führen soll, zu studieren und einzuschätzen. Weiß man, welche Ansprache für eben diese Mitarbeiter am meisten Erfolg verspricht, dann ist das Führen keine schwere Aufgabe mehr.

Das bedeutet jedoch nicht, dass man seinen Management- und Führungsstil permanent ändern muss. Natürlich wird man einen Management- und Führungsstil entwickeln, der am besten zur eigenen Person und zum eigenen Charakter passt. Wichtig ist aber, dass man sich dessen bewusst ist und eben auch in der Lage ist, kleine Anpassungen vorzunehmen, wenn sich dadurch ein Team oder auch nur ein einzelner

Mitarbeiter besser leiten lässt. In der Praxis stellt man in der Regel Mitarbeiter ein oder beruft sie in Teams, die ähnliche Wertvorstellungen haben wie man selbst, sodass Anpassungen, wenn überhaupt, nur ganz selten notwendig sind.

KAPITEL 9

Lokale Traditionen

In allen Ländern dieser Welt gibt es Traditionen, die oftmals durch die vorherrschende Religion geprägt sind. Ich fand es schon immer sehr wichtig, sich dieser Traditionen und Gepflogenheiten bewusst zu sein und sie wertzuschätzen. Alles, was für die lokalen Mitarbeiter in dem jeweiligen Land eine besondere Bedeutung hat, sollte man zumindest versuchen zu verstehen und ihnen die Ausübung dieser Traditionen ermöglichen. Das bedeutet nicht, dass man seine eigene Sichtweise, Religion oder Traditionen zurückstellt oder sich diesen neuen anpasst, sondern dass man ihnen eben mit Respekt begegnet.

Während meiner vielen Reisen durch China und Südostasien hatte ich häufig die Gelegenheit, traditionelle Feste zu erleben und traditionellen Zeremonien beizuwohnen. Einige Beispiele hierzu können sicher verdeutlichen, warum ich diesen Momenten große Bedeutung beigemessen habe.

In Indien bezeichnet man eine rituelle Zeremonie, in der eine oder mehrere Gottheiten angebetet und um ihren Segen gebeten wird, als Pooja. Es gibt einfache Pooja-Zeremonien, die täglich durchgeführt werden, sowie ausführlichere Zeremonien zu bestimmten Anlässen oder Festen.

Die Eröffnung eines neuen Büros in Indien ist zum Beispiel ein solcher besonderer Anlass. Ich erinnere mich gut an die Eröffnung eines Büros in Chennai, das frühere Madras, die Hauptstadt des indischen Bundesstaates Tamil Nadu im Jahr 2007.

Ich war zur Einweihung des Büros angereist und wurde damit vertraut gemacht, dass es zur Eröffnung eine spezielle Pooja-Zeremonie geben würde. Der Einzug in das neue Büro war für alle ein Anlass zur Vorfreude und Hoffnung auf eine erfolgreiche Zukunft. Mit der Pooja-Zeremonie sollte der göttliche Segen erlangt und ein glücklicher Start ermöglicht werden.

Dazu hatte unser lokales Team bereits alles in die Wege geleitet. Zuallererst muss ein Pooja zum richtigen Zeitpunkt stattfinden. Nur dann ist es möglich, die Gottheiten zu erreichen, die das neue Büro von schlechten Einflüssen und Hindernissen bereinigen und zugleich positive Energie herbeiziehen. So soll ein harmonisches Arbeitsumfeld für die Mitarbeiter geschaffen werden.

Als ich erfuhr, dass das Pooja daher vor Sonnenaufgang beginnen müsste, stellte ich mich auf eine kurze Nacht und eine längere Zeremonie ein.

In Indien ist es üblich, dass zu einem solchen Anlass nicht nur der oder die Priester, sondern auch ein komplettes Paket an Pooja-Materialien für den jeweiligen Anlass bestellt wird. So erschienen auch bei uns dann frühmorgens, ich meine es war um 4:30 Uhr, ein Priester mit zwei Gehilfen, die zunächst den geeigneten Platz im Büro mit allen notwendigen Utensilien ausstatteten und ihn mithilfe unseres Teams dekorierten.

Die kleine Feuerstelle, um die herum sie dann auf dem Boden Platz nahmen, bereitete mir doch einige Sorgen. Würden sie etwa in unserem neuen Büro ein offenes Feuer anzünden? Genau das war aber ein wichtiger Bestandteil der Zeremonie, bei der dem Feuer Opfergaben beigegeben werden. Dabei spielen diverse Blüten, Samenkörner und Reis eine große Rolle. Unser Büroleiter beruhigte mich sofort und erklärte mir, dass ich mir keine Gedanken machen müsse, da das Gebäudemanagement informiert und die Rauchmelder abgestellt worden waren. Nun ja, dann stand der Zeremonie ja nichts mehr im Wege.

In meiner Funktion als Vorgesetzter war ich eingeladen, an bestimmten Teilen der Zeremonie teilzunehmen. Diese begann damit, die Gottheit zu rufen. Dies geschieht durch das Rezitieren von Mantras, Gesängen und Gebeten. Ich verstand natürlich kein Wort, und die sehr fremden Klänge waren nicht gerade die Art von Musik, an die ich gewohnt war. Das Feuer wurde entzündet, während weitere Mantras gesprochen und gesungen wurden. Schließlich wurde ich in das Ritual eingebunden. Ich durfte ebenfalls am Boden sitzend einige Blüten in die Hand nehmen und sie ins Feuer geben oder Wasser aus kleinen Schälchen in die Hände gießen und dann über die Blüten sprenkeln.

Das ungewohnte Sitzen im Schneidersitz auf dem harten Büroboden machte die gesamte Zeremonie zu einer kleinen körperlichen Herausforderung und nach mehr als zwei Stunden war ich froh, als unser Pooja beendet war. Der Blick in die Gesichter der Mitarbeiter, die alle vollständig zu dem sehr frühen Termin erschienen waren, zeigte mir, wie wichtig es für sie gewesen war, dass wir diese Tradition befolgt hatten. Ihnen war klar, dass es für mich zumindest zeitweise eine befremdliche Zeremonie gewesen war. Dass ich sie aber so gut ich eben konnte gemeinsam mit ihnen gefeiert hatte, wurde mit einer gewissen Dankbarkeit und einem Zusammengehörigkeitsgefühl belohnt. Noch heute habe ich zu dem einen oder anderen damaligen Mitarbeiter Kontakt, und das gemeinsame Pooja-Erlebnis bleibt unvergessen.

Das chinesische Neujahrsfest ist das mit Abstand wichtigste traditionelle Fest in China sowie im benachbarten chinesischen Kulturkreis und in allen Gebieten weltweit, in denen viele Menschen chinesischer Abstammung leben.

Es fällt immer auf einen Neumond zwischen dem 21. Januar und dem 21. Februar und markiert den Beginn eines neuen Mondjahres. In der chinesischen Astrologie ist dieses jeweils mit einem der zwölf Tierkreiszeichen verbunden.

Das Chinesische Neujahr ist ein Familienfest. Bereits am Vorabend des eigentlichen Neujahrstages kommt die Familie zu einem Abendessen zusammen und folgt wie auch an den anderen Tagen der Feierlichkeiten den traditionellen Vorgaben.

Aufgrund der Überlieferungen und Legenden gibt es viele Dinge und Gebräuche, die entweder Glück oder Unglück bringen sollen. Für einen Gweilo wie mich und auch für meine Familie galten diese Gebräuche natürlich nicht in gleichem Maß wie für die lokalen Mitarbeiter, Freunde und Nachbarn. Aber zumindest bei den einfachen, offensichtlichen Dingen sollte man darauf Rücksicht nehmen.

Ein einfaches Beispiel ist die Wahl der Kleidungsfarbe, die man an den Feiertagen trug.

Rot ist, wie sicherlich allgemein bekannt, die dominierende Farbe während des chinesischen Neujahres. Dies geht auf eine Legende zurück, der zufolge der Jahresdämon einst durch rote Farbe, Lampen und Lärm vertrieben wurde. Daher ist Rot auch die bevorzugte Farbe der Kleidung, die man an den Feiertagen tragen sollte. Diese sollte nach Möglichkeit neu für das Fest gekauft werden. Die Farben Schwarz und Weiß hingegen stehen für Unglück bzw. Trauer und sollten wenn möglich nicht an den Festtagen getragen werden. Sich daran zu orientieren und nach außen durch die Wahl der eigenen Kleiderfarbe zu zeigen, dass man diese Tradition kennt und respektiert, erfordert keine wirkliche Mühe und wird hoch angerechnet.

Eine weitere seit Tausenden von Jahren ausgeübte Tradition ist, dass ältere Familienmitglieder den jüngeren und unverheirateten Angehörigen mit einem roten Umschlag, dem sogenannten Lai See, der einen möglichst neuen Geldschein enthält, den Wunsch aussprechen, dass ihnen das neue Jahr viel Erfolg und Wohlstand bringen möge. Die kantonesische Grußformel hierfür lautet „Kung Hei Fat Choi".

Auch Vorgesetzte drücken damit ihre Anerkennung und guten Wünsche für ihre Mitarbeiter aus. Mittlerweile werden Lai See auch an Mitarbeiter im Lieblingsrestaurant oder an die Sicherheitsleute in Büro- oder Wohnkomplexen verteilt.

Wenige Wochen vor dem ersten Neujahrsfest, das ich 1998 in Hongkong erleben durfte, machte mich meine Buchhalterin darauf aufmerksam, dass ich neue Geldscheine für meine Lai See bestellen musste, da diese früh genug bei den Banken angefordert werden sollten.

Bei fast 200 Mitarbeitern in Hongkong kam da schon eine gewisse Summe zusammen. Dazu hörte ich noch die Geschichte eines meiner Vorgänger, der Probleme hatte, sich die Gesichter und Personen zu merken, die von ihm schon ein Lai See erhalten hatten. Nachdem er merkte, dass ihm die Lai Sees langsam ausgingen, ließ er schnellstens weitere Banknoten besorgen und endete wohl damit, dass er dem einen oder anderen Mitarbeiter auch ein zweites oder gar drittes Lai See mit ins neue Jahr gab.

Ich war dann aber gut vorbereitet und in der Lage, meine Lai See zusammen mit einem richtig betonten „Kung Hei Fat Choi", dem Wunsch für ein erfolgreiches neues Jahr, an meine Mitarbeiter zu verteilen.

In früheren Jahren hatten Firmen und Fabriken in China oft nicht nur an den eigentlichen Feiertagen geschlossen, sondern für ein oder zwei Wochen komplett. Dies war für viele Wanderarbeiter die einzige Möglichkeit, zu ihren Familien zurückzukehren. Für die Firmen ist und war es nicht immer einfach, die laufenden Geschäfte während dieser langen Unterbrechung weiterzuführen, insbesondere, wenn die Kundschaft im Westen sitzt und nicht immer viel Verständnis dafür aufbringt, dass die Bänder in den Produktionsstätten nun für drei Wochen stillstehen.

In Hongkong wurde das chinesische Neujahrsfest über die Jahre weniger ausgiebig gefeiert. Heute bleibt nur noch in wenigen Ausnahmefällen eine Firma über die offiziellen und wichtigsten drei Feiertage hinaus geschlossen. Ein Brauch ist jedoch geblieben. Am ersten Arbeitstag nach den Feiertagen wird eigentlich nicht gearbeitet. Stattdessen kommt man im Büro zusammen, verteilt Lai See, spielt Karten und hat vielleicht auch Kleinigkeiten zu essen dabei. Meist geht man dann nach einem halben Tag wieder nach Hause. Auch das Eintauchen in diese Traditionen gehört dazu, wenn man Teil der lokalen Gemeinschaft sein möchte.

In Hongkong und China spielt das „Annual Dinner" eine wichtige Rolle. Dabei handelt es sich um ein Galadinner, zu dem die gesamte Belegschaft sowie diverse Geschäftspartner und Gäste eingeladen sind. Auch die Partner des Managements sind hierzu eingeladen. Das „Annual Dinner" findet zu Beginn des neuen chinesischen Jahres statt. Die Planung hierfür beginnt oft Monate im Voraus, es werden Organisationskomitees gebildet und für den Abend selbst werden Moderatoren ausgewählt, die dann durch das Abendprogramm führen. In der Regel wird auch ein Thema sowie ein Dresscode für den Abend vorgegeben.

Traditionell findet vor dem eigentlichen Abendessen ein Vorprogramm statt, bei dem meist Mahjong gespielt, Fotoshootings durchgeführt und Getränke serviert werden.

Das Abendessen selbst besteht aus einem Menü mit acht bis zehn Gängen bekannter und beliebter Speisen. Die Sitzordnung ist klar nach Hierarchie ausgerichtet. So sitzen beispielsweise am sogenannten „Head Table" das Top-Management und ggf. Ehrengäste.

Nach dem formalen Abendessen, manchmal auch zwischen den Gängen, werden einige Reden gehalten und anschließend geht es mit Spielen, Musik und Tanz in den unterhaltsamen Schlussteil der Veranstaltung über. Nicht zu vergessen ist dabei eine Tombola, der sogenannte „Lucky Draw". Für viele der Angestellten ist dies oft der absolute Höhepunkt. Es gibt kleine Trostpreise wie Lai See mit vielleicht umgerechnet 10 oder 20 Euro Inhalt, diverse Reiskocher und andere Küchenutensilien, bis hin zu neuesten Modellen von Telefonen oder Tablets und als Top-Preise auch einmal ganze Urlaubsreisen. Die Budgets hierfür sind fester Bestandteil der jährlichen Planung und nicht selten gibt es vom Management dann noch kleine Extraspenden und Preise. Natürlich gibt man auch einen Gewinn, wenn das Los auf einen selbst fällt, dann wieder frei, damit ein Mitarbeiter diesen Preis erhalten kann. Sollten die Geschäfte mal nicht so gut laufen, dann ist zumindest ein etwas reduziertes Annual Dinner dennoch notwendig, sonst wäre die Enttäuschung der Belegschaft riesig.

In anderen asiatischen Ländern werden oft ähnliche Veranstaltungen abgehalten, die sich jedoch in den Zeitpunkten im Jahr und den wichtigsten Feiertagen unterscheiden. Auf den Philippinen wird ausgiebig Weihnachten gefeiert, in Kambodscha das Khmer-Neujahr und in Indien wird meist nach Region und vorherrschender Religion zu unterschiedlichen Zeitpunkten gefeiert, zum Beispiel im Rahmen des Diwali-Festes.

Was passiert nun mit den eigenen Traditionen und Gebräuchen, wenn man in einem völlig anderen Kulturkreis lebt?

Nun, in den Großstädten asiatischer Länder gibt es häufig zumindest eine kleine, manchmal auch eine größere deutsche Gemeinschaft. Gerade wenn man neu in einem Land oder einer Stadt ist, sind deutsche Klänge etwas Verbindendes. Zieht man dann noch mit Kindern in die Fremde, dann sind deutsche oder internationale Kindergärten und Schulen die Orte, an denen man schnell auf andere Landsleute trifft und ins Gespräch kommt. Daraus können sich auch Freundschaften entwickeln, die allerdings oft nur von kurzer Dauer sind, da viele Expats nur zwei bis drei Jahre an einem Ort bleiben und dann von ihren Firmen an einen anderen Einsatzort versetzt werden. Dennoch verbindet allein die Tatsache, dass man sich gerade zu diesem Zeitpunkt weit weg von Deutschland trifft und kennenlernt.

Erstaunlich ist, dass traditionelle Feste, ob religiöser Art oder Volksfeste, dann plötzlich schnell sehr populär werden. Menschen, die noch nie zuvor auf dem Oktoberfest in München waren, feiern dieses Fest mit Freunden und oft auch mit Geschäftspartnern ausgiebig in Hongkong, Shanghai, Seoul, Singapur oder Manila, um nur einige zu nennen. Auch uns erging das so: An der Anzahl der Bierkrüge mit dem jeweiligen Jahreslogo des Oktoberfestes, die wir in jedem Jahr in Hongkong gekauft haben und die nun bei uns nun im Keller stehen, kann man ablesen, dass wir selbst regelmäßige Besucher waren.

Meine norddeutschen Freunde freuten sich jedes Jahr schon Wochen vorher auf das Grünkohlessen. Dies ist ein traditionelles Gericht mit heimischem Gemüse, dem Grünkohl sowie Fleisch, Pinkel (Grützwurst) und Kartoffeln. Hierzu traf man sich in traditionellem Outfit (blau-weiß gestreiftem Hemd und rotem Halstuch) gekleidet zunächst zu einem Spaziergang, bei dem die notwendige Flüssigkeitszufuhr regelmäßig durch leicht alkoholische Getränke sichergestellt wurde. Danach wurden alle Teilnehmer gewogen, um nach dem eigentlichen Grünkohlessen final festzustellen, wer die größte Portion(en) vertilgt und am meisten Gewicht zugelegt hatte. Der „Sieger" in dieser Disziplin wurde dann für ein Jahr zum Grünkohlkönig ernannt.

Weihnachten und Ostern wurden ebenfalls ausgiebig gefeiert, sofern man nicht zu diesen Anlässen nach Deutschland reiste oder zu einem Urlaub irgendwo auf der Welt aufbrach.

Auch in Hongkong wurde Weihnachten von den lokalen Mitarbeitern intensiv gefeiert. Allerdings wurde es aus religiösen Gründen nur von den wenigen Christen gefeiert, während die meisten es eher als kommerzielles Fest der Geschenke betrachteten.

Ich dachte mir, wenn ich schon selbst versuche, die lokalen Traditionen und Feste zu verstehen und in gewisser Weise mitzufeiern, dann könnte ich meinen Mitarbeitern doch auch die eine oder andere deutsche Tradition nahebringen.

In Deutschland ist es Brauch, dass Kinder am Vorabend des 6. Dezembers, dem Nikolaustag, ihre Schuhe vor die Tür stellen. Über Nacht stellt der Nikolaus dann meist ein süßes Geschenk, zum Beispiel Schokoladennikoläuse, in die Schuhe.

Es war meine eigene kleine Tradition, entweder spät am Abend des 5. Dezembers oder ganz früh am Morgen des 6. Dezembers, wenn ich noch allein im Büro war, jedem Mitarbeiter einen kleinen Schokoladen-Nikolaus auf den Platz zu stellen. Diese kleine Geste bereitete immer große Freude und erfüllte das Büro am Morgen des 6. Dezembers mit Lachen und netten Witzeleien. Nicht jeder mochte Schokolade, und einige entpuppten sich als Sammler. So fand ich über die Jahre eine ganze Reihe von Nikoläusen auf den Tischen einiger Mitarbeiter wieder. Scherzhaft drohte ich diesen Mitarbeitern, die Schokoladennikoläuse im nächsten Jahr alle selbst aufzuessen.

Neben den eigenen Mitarbeitern machte ich mit dieser Aktion, die ich an Ostern mit kleinen Osterhasen aus Schokolade wiederholte, auch einem deutschen Freund eine kleine Freude. Er importierte nämlich deutsche Produkte nach Hongkong und verkaufte diese dort über seinen Onlinehandel. Regelmäßig kaufte ich fast seinen gesamten Bestand auf, damit unser Team in der Zentrale in Hongkong versorgt war.

Wenn ich schon bei Traditionen bin, die eher persönlicher Natur sind, dann kommt mir noch ein anderer Gedanke.

Wie in jedem modern geführten Unternehmen hatten wir auch in den Unternehmen, in denen ich in Asien tätig war, jährliche Personalgespräche mit unseren Mitarbeitern, die direkt an uns bzw. an mich berichteten. Auch hier gilt es zu bedenken, dass Kritik, selbst wenn sie gut gemeint ist, in Asien schnell als etwas Negatives aufgefasst werden kann. Von seinem Vorgesetzten Kritik zu hören, bedeutet für die meisten, dass sie etwas falsch gemacht oder eine Schwäche gezeigt haben.

Im Westen spricht man oft ganz direkt über solche Bewertungen und nennt neben den Stärken eines Mitarbeiters eben auch seine oder ihre Schwächen beim Namen.

In Asien habe ich hingegen bewusst nur die Stärken angesprochen und die Schwächen nicht als solche bezeichnet. Stattdessen habe ich in meinen Mitarbeitergesprächen immer Wege aufgezeigt, die die Mitarbeiter gehen könnten, um noch erfolgreicher zu sein. Ziel war es, die Eigenmotivation der Mitarbeiter zu wecken und sie auf ein gemeinsames Ziel auszurichten.

Nur so ist es möglich, neben den monetären Anreizen, die sicher weltweit gelten, auch Anreize für berufliche Weiterbildung und persönliche Entwicklung zu schaffen, denen mit viel Einsatz nachgegangen wird.

Aus den jährlichen Personalgesprächen, die meist gegen Ende eines Jahres stattfanden, entwickelte sich bei mir eine weitere kleine persönliche Tradition. Ich setzte mich jedes Jahr vor Weihnachten zu Hause mit einem Stapel weihnachtlicher Grußkarten hin und verfasste für alle direkt an mich berichtenden Mitarbeiter in Hongkong sowie den Verantwortlichen in unseren Büros und Fabriken außerhalb Hongkongs einige Sätze, um mich für ihre Unterstützung und Zusammenarbeit zu bedanken. Diese handschriftlich verfassten Grüße habe ich dann entweder über unsere Firmenpostwege oder, wo möglich, persönlich überreicht.

Es war eine kleine Geste, die mich zwar etwas Zeit kostete, da ich mir für jeden Mitarbeiter einen individuellen Text überlegte, die aber auf große Resonanz stieß. Des Öfteren wurde ich kurz vor Weihnachten schon auf die noch ausstehende

Karte angesprochen. Die altgedienten Mitarbeiter warteten schon auf ihre Weihnachtsgrüße und persönlichen Worte, während neue Mitarbeiter von ihnen aufgeklärt wurden, dass sie darauf hoffen durften, von nun an ebenfalls jedes Jahr zu Weihnachten eine persönliche Grußkarte von mir zu erhalten.

Traditionen und Gebräuche, ob religiös oder nicht, ob groß oder klein, ob allgemein bekannt oder individuell entstanden, funktionieren in beide Richtungen. Man muss nur offen dafür sein und die jeweils andere, ggf. fremde Tradition respektieren.

Am Anfang war das Skifahren!

Wer hätte gedacht, dass mir der Sport, der mir so viel Spaß macht, auch für meine berufliche Karriere und meinen Führungsstil so wichtig werden sollte.

Abb. 1

Abb. 2

Abb. 1 und Abb. 2: Skifahren lernen durch die Teilnahme an den Skifreizeiten des Jugendamtes Darmstadt

Abb. 3

Abb. 4

Abb. 3 und Abb. 4: Vom Skischüler zum Skilehrer. Das harte Training gehörte dazu.

Erster gemeinsamer Besuch in Hongkong, Januar 1997

Abb. 5

Abb. 6

Abb. 5 und Abb. 6: Der duftende Hafen

Abb. 7: Ausflug in die New Territories

Ankommen in der Fremde

Neue Erfahrungen, neue Umgebung, neue Länder und Gebräuche

Abb. 8 Offizielle Pflichten beim Annual Dinner 1998, das Management begrüßt die Gäste.

Abb. 9 Der Segen der Götter für das gute Geschäft wird erbeten, 1998

Abb. 10 und Abb. 11: Pooja in Chennai, auch die indischen Götter werden um ihren Segen gebeten, 2007

Abb. 12 „Mautstelle" auf den Straßen von Bangladesch, 2013

Abb. 13 Deutsche Kochstunde als Kulturaustausch, 1999

Teambildung

Abb. 14 Erste Erfahrung mit einem Workshop/Outing bei der Unternehmensgruppe Freudenberg, frühe 90er-Jahre

Abb. 15 Abschluss einer regionalen Management-Konferenz mit einem Outing in die Innere Mongolei. Es wird sich zeigen, wer im Sattel bleibt.

Abb. 16 Typischer Workshop mit den Design-Teams, Peking 2016

Abb. 17 Mit viel Energie voran, irgendwo in China

Abb. 18 Eroberung der Chinesischen Mauer mit den Teilnehmern des Design-Workshops, Mutianyu 2016

Sport verbindet

Abb. 19 Gewinner des Firmenpokals beim Internationalen Drachenbootrennen in Sha Tin, Hongkong 1998

Abb. 20 So sehen erschöpfte aber glückliche Sieger aus

Abb. 21 Cricket Lehrstunde für mich und Spaß beim Zuschauen, Delhi 2016

Abb. 22

Abb. 23

Abb. 24

Abb. 25

Abb. 22-25: Fußballfreunde über Grenzen hinweg

Beispiele für gemeinnützige Engagements in verschiedenen Ländern

Abb. 26 Die jüngsten Schüler der School of Sacred Hearts nahe Chennai, Besuch in 2007

Abb. 27 Zurück auf die Schulbank

Abb. 28 Besuch bei den Allerkleinsten im TMS Kindergarten in Bogor, 2012

Abb. 29 Aufführung des Tuloy Chors während eines Besuchs auf den Philippinen, 2019

Arbeitsplätze und Pflichten eines CFOs in der Bekleidungsindustrie

Abb. 30 Blick auf eine Produktionshalle in Indonesien, 2013

Abb. 31 Der Versuch unseres Cheftechnikers in Bangladesch mir die Qualitätsmerkmale eines Produktes beizubringen, 2014

Abb. 32 Bürotag in Peking, im Gespräch mit unserer Büroleiterin, 2013

Abb. 33 Organisator und Gastgeber der regionalen Finanzkonferenz von Luen Thai Holdings Ltd., 2019

Abb. 34 Ein etwas anderer Konferenzraum beim Treffen mit den Hauptanteilseignern von Luen Thai Holdings Ltd. in Shanghai

Abb. 35 Als Repräsentant und Gastredner beim CFO Innovation Summit in Hongkong, 2018

Abb. 36 Panel-Diskussion beim Führungskräftetreffen der Luen Thai Gruppe in Shanghai 2019

Kollegen und zugleich Freunde

Abb. 37 Hongkong-Team in 2008, Spaß beim Fotoshooting

Abb. 38 Enge und langjährige Mitarbeiterinnen in unserem Headquarter in Hongkong, 2019

Abb. 39 Teil des Teams in Bogor, Indonesien 2018

Abb. 40 Unser Strickteam in Hongkong, 2023

Abb. 41 Enge Mitarbeiter und Mitarbeiterinnen in Clark, Philippinen 2023

Abb. 42 Mit Geschäftspartnern aus Indien zu Besuch bei unserer Fabrik in Vietnam, 2019

Abb. 43 Unser Team in Delhi, 2015

Abb. 44 Tolle Kollegen und sehr gute Freunde, Arbeit darf auch Spaß machen. Showroom einer unserer Fabriken in Kambodscha, 2023

Abb. 45 Besuch des Büros in New York 2017, die Stadt ist immer eine Reise wert

Abschied von Freunden und Kollegen

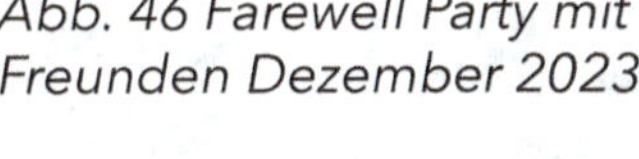

Abb. 46 Farewell Party mit Freunden Dezember 2023

Abb. 47 Familie und die tollen Kollegen/Freunde von FVI

Abb. 48 Engste Kollegen und Freunde von FVI und Luen Thai Headquarter

Abb. 49 Minikonzert mit meinem Freund Rob für die Gäste

Abb. 50 Sehr froh über all die Jahre so viele gute Freunde in Hongkong gefunden zu haben.

Eine lange Abschiedstour ..., März 2024

Abb. 51 Verabschiedung durch den Sprecher des Aufsichtsrates und ein weiteres Aufsichtsratsmitglied sowie den CEO von Luen Thai Holdings Ltd.

Abb. 52 Abschiedsfoto mit meiner langjährigen und fantastischen Assistentin in Hongkong.

Abb. 53 Ein weiteres Abschiedsessen mit den tollen Damen des Hongkong-Büros.

Abb. 54 Auch die früheren Kollegen von FVI ließen es sich nicht nehmen und luden uns zum Abschiedsessen ein.

Die Jahre in unserer liebgewonnenen Wahlheimat Hongkong und das Willkommen zurück in Deutschland

Abb. 55 Eine tolle Erinnerung an die ersten Jahre in Hongkong

Abb. 56 Unterwegs auf den Straßen Hongkongs

Abb. 57 Ein letztes privates Dinner in Hongkong, es war eine tolle Zeit

Abb. 58 Willkommen zu Hause! Schöner kann man den Neustart zurück in Deutschland nicht beginnen.

KAPITEL 10

Alle Augen auf dich gerichtet

Gerade noch habe ich über Mitarbeiterbewertungen gesprochen. Nach und nach führte unsere Personalabteilung Methoden ein, bei denen auch die Vorgesetzten von ihren Teammitgliedern bewertet wurden. Dazu kamen auch die mittlerweile häufig anzutreffenden 360-Grad-Betrachtungen zum Einsatz. An dieser Stelle möchte ich jedoch nicht näher auf diese Methoden und Prozesse eingehen. Sie sind sicher hinlänglich bekannt und die meisten haben sie in der Praxis bereits erlebt.

Als Deutscher in Hongkong oder generell als Ausländer in einem Land oder Ort steht man als Vorgesetzter permanent im Fokus. In der Anfangszeit kann man in diesen Augen meist Skepsis ablesen.

Wird sich dieser Fremde als Vorgesetzter bewähren? Versteht er seine Aufgaben und beherrscht er diese wirklich besser als ich? Kann ich ihm vertrauen? Wie verhält er sich in schwierigen, kritischen Situationen?

Viele der Fragen sind absolut verständlich und nachvollziehbar. Auch wenn sie nicht ausgesprochen werden, muss man sich ihrer bewusst sein und sie nach Möglichkeit positiv beantworten.

Titel waren mir selbst nie besonders wichtig. In den Jahren in Asien war ich mal General Manager, Managing Director, CFO, Executive Vice President und wieder Group CFO, aber mir war bewusst, dass Titel im asiatischen Raum eine noch größere Bedeutung haben als im westlichen Umfeld. Ein Titel verleiht Autorität und ist somit ein Baustein der Reputation, die man braucht, um erfolgreich zu führen. Seniorität spielte und spielt auch heute zum Teil noch eine große Rolle in vielen Unternehmen in Asien und damit waren an bestimmte Positionen Vorstellungen gebunden, dass ein gewisses Alter Voraussetzung für die Position war.

In meiner Anfangszeit in Hongkong Ende der 90er-Jahre war ich 34 Jahre alt. Damit passte ich nicht wirklich in das hierarchische Denken und die entsprechende Vergabe von Führungspositionen, für die allgemein eine gewisse Seniorität Voraussetzung war.

Mehr als einmal wurde ich von Geschäftspartnern beim ersten Aufeinandertreffen etwas ungläubig angeschaut und dann auch ab und zu offen nach meinem Alter gefragt.

In solchen Fällen war es wichtig, sich nicht aus dem Konzept bringen zu lassen, denn das hätte als Schwäche gegolten. Ich musste in diesen Momenten freundlich, aber ohne allzu große Reaktion und Mimik den Fokus wieder auf die eigentlichen Gesprächsthemen bringen und somit zeigen, dass mich mein junges Alter nicht von meinen Zielen abbringen würde.

Von den oben genannten Fragen halte ich die Frage, wie man sich in besonders kritischen Situationen verhält, für besonders wichtig.

Im Deutschen gibt es den Begriff des Schönwetterseglers, also einer Person, die bei besten Wetterbedingungen ein Segelboot ohne Probleme führen kann. Was aber macht diese Person, wenn das Wetter umschlägt, ein Sturm aufzieht und die Besatzung in Gefahr gerät?

Wenn die Geschäfte gut laufen und die allgemeine Stimmung der Wirtschaft in den wichtigsten Märkten positiv ist, ist eine Führungsrolle sehr viel leichter zu erfüllen als bei wirtschaftlichen

Krisen, Produktionsausfällen, geopolitischen Streitigkeiten, personellen Ausfällen usw.

In diesen Situationen sind alle Augen erst recht auf einen gerichtet. Jede Führungskraft kennt dies und den Leistungs- und Erfolgsdruck, der auf einem lastet, gerade wenn die Geschäfte nicht wie von allein laufen.

Während meiner Zeit in Asien habe ich viele Krisen mit schweren wirtschaftlichen Folgen erlebt.

Dazu zählen die große Finanzkrise in Asien von 1997 bis 1998, die weltweite Finanzkrise von 2008, der gelegentliche Konkurs wichtiger Kunden in der Bekleidungsindustrie, der Militärputsch in Myanmar, Naturkatastrophen wie der Tsunami von 2003 sowie die durch SARS und COVID ausgelösten Krisen usw. Hinzu kommen viele interne Krisen, die eine Organisation zum Teil schwer treffen können.

Meine Erfahrung aus dieser Zeit ist es, dass es extrem wichtig ist, sich der Umgebung und Kultur bewusst zu sein.

Die Mitarbeiter schauen in Krisensituationen sehr genau auf ihre Vorgesetzten. In Hongkong, China oder auch anderen asiatischen Ländern würde es noch schlechter ankommen als in einem westlich geprägten Umfeld, in einer Krisensituation wilde Aktivität und Stress zu zeigen. Meine Mitarbeiter haben von ihrem Vorgesetzten immer erwartet, dass er einen klaren Kopf bewahrt, möglichst ruhig analysiert und die Konsequenzen aus der Situation heraus entscheidet und ihnen die Richtung vorgibt.

Da im chinesischen Umfeld eine ruhige und besonnene Art, zumindest nach außen hin, wertvoller eingeschätzt wird als eine aufgeregte, hektische Vorgehensweise, ist es wichtig, auch in solchen Momenten Mimik und Körpersprache zu kontrollieren. Wenn das gelingt, dann strahlt dies Sicherheit aus und vermittelt, dass man auch diese Krise bzw. diesen

Sturm durchsegeln und die Mannschaft wieder sicher in ruhiges Fahrwasser bringen kann.

Sicher nicht nur im asiatischen Raum, sondern weltweit gilt: Als Führungskraft darf man sich in Krisensituationen nicht verstecken. Im Gegenteil, es ist ungemein wichtig, sich seiner Vorbildfunktion bewusst zu sein und diese auch konsequent auszuüben.

In Krisensituationen, die eine starke Kostenkontrolle und -einsparungen erfordern, habe ich dies auch meinen Mitarbeitern persönlich demonstriert. Das begann bei den kleinen Ausgaben, die tagtäglich anfallen, und reichte bis zu den Reisekosten, die sich durch vielleicht etwas zeitlich aufwendigere Routen günstiger gestalten ließen. Hinzu kamen Management-Entscheidungen, zuerst die eigenen Gehälter und Boni stärker zu kürzen, bevor dies auch für die weitere Belegschaft notwendig wurde.

Besonders während der durch SARS und COVID ausgelösten Pandemie waren schnelle Entscheidungen und deren konsequente Umsetzung notwendig.

SARS war eine stärker lokal begrenzte Gesundheitskrise. Am stärksten betroffen waren China, Hongkong, Singapur und Kanada, insbesondere Vancouver, aufgrund der großen chinesischen Bevölkerungsgruppe. Hinzu kam, dass es sich um die erste weitreichendere gesundheitliche Bedrohung handelte, die in Industrieländern auftrat. Niemand, keine Regierung und auch kein Unternehmen, war auf so eine Situation vorbereitet. Schließlich handelte es sich nicht um ein Y2K-Ereignis, von dem man lange vorher wusste und für das entsprechende Pläne erarbeitet wurden, sondern um ein Ereignis, das quasi über Nacht auftrat.

Anfang 2003, gerade als Hongkong mehr und mehr Fälle von SARS-Erkrankungen in der Stadt meldete, war ich auf einer Geschäftsreise in Bangladesch. Dort entwickelte ich plötzlich starke Kopf- und Gliederschmerzen, Husten und Heiserkeit, begleitet von Fieber. Ich musste meine geplante Weiterreise nach Indien absagen und flog über Singapur wieder zurück nach Hongkong. Da die Symptome von SARS im Anfangsstadium denen einer gewöhnlichen Influenza ähnelten, hatte ich Bedenken, dass ich vielleicht auch an dieser seltsamen und offensichtlich sehr gefährlichen Erkrankung litt, und wollte lieber zu Hause in Hongkong als in Bangladesch behandelt werden. Ich informierte mein Büro in Hongkong und meine Frau, dass ich mich direkt nach meiner Ankunft in Hongkong in ein Krankenhaus zur Untersuchung begeben würde und erst nach Hause bzw. ins Büro zurückkehren würde, wenn ich die Erkrankung überstanden hätte. Meine Frau bestand allerdings darauf, mich am Flughafen abzuholen und mit mir ins Krankenhaus zu fahren. Dort stellte sich glücklicherweise heraus, dass ich nicht an SARS, sondern an einem normalen grippalen Infekt litt. Somit wurde ich mit Medikamenten und ärztlichen Anordnungen versorgt und nach Hause geschickt. Ein paar Tage später war ich dann wieder genesen und einsatzbereit. Einige Wochen später wäre es mir jedoch nicht mehr möglich gewesen, ohne Weiteres von Bangladesch aus nach Hongkong zurückzureisen, da zu diesem Zeitpunkt bereits an vielen Flughäfen Kontrollen eingerichtet wurden, um erkrankte Reisende nicht mehr an Bord zu lassen.

Wieder gesund und zurück im Büro in Hongkong, setze ich mit dem Team diverse Regeln in Kraft, um die allgemeine Hygiene und Sauberkeit und mögliche Ansteckungsgefahren zu minimieren. Hongkong war für einige Wochen eine regelrechte Geisterstadt. Die öffentlichen Verkehrsmittel, die sonst zu allen Tages- und Nachtzeiten gut gefüllt sind, waren oft menschenleer, ebenso die Einkaufszeilen. Jedes Niesen eines Passanten oder Mitarbeiters wurde argwöhnisch wahrgenommen. Die deutsche Schule beschloss, die Osterferien zwei Wochen früher beginnen zu lassen, um den Schülern und ihren Familien die Möglichkeit zu geben, Hongkong für eine längere Zeit erst einmal zu verlassen. Schweren Herzens riet ich meiner Frau schließlich auch, mit unseren Töchtern nach Deutschland zu fliegen. Sie tat dies dann auch, nur um in Deutschland feststellen zu müssen, dass einige Menschen dort, sobald sie hörten, dass wir in Hongkong leben und meine Frau und Kinder gerade erst noch dort waren, Abstand nahmen oder sie baten, erst einmal zwei Wochen in Quarantäne zu gehen.

Ich blieb in Hongkong, um unsere Geschäfte auch in dieser Krisensituation vor Ort weiterführen zu können. Den Mitarbeitern bedeutete es viel, dass ich zunächst vor Ort blieb und wir gemeinsam an Maßnahmen arbeiteten, diese Situation sicher und gesund zu überstehen. Zwei oder drei Wochen später flog ich zwar auch nach Deutschland, um die Osterfeiertage mit meiner Familie zu verbringen, und danach noch einige Geschäftstermine wahrzunehmen, doch danach kehrten wir alle gemeinsam nach Hongkong zurück. Gerade zu diesem Zeitpunkt gesellte sich zu SARS noch eine weitere Krise, die durch einen Streit der Gesellschafter der Firma ausgelöst wurde und uns an den Rand des Konkurses brachte. Teile der Firma wurden abgespalten und ich musste kurzerhand sowohl die Buchhaltung als auch die Logistik und IT neu besetzen und aufbauen, ohne dass die Kunden etwas davon merken sollten. Ich kann mich gut an die ersten Interviews erinnern, die ich mit Kandidatinnen und Kandidaten führte, die alle wie ich beim Gespräch eine Gesichtsmaske trugen. Damals eine surreale Situation.

Auf die Coronapandemie der Jahre 2020 bis 2023/2024 waren Regierungen, Unternehmen und auch viele Privatpersonen in gewisser Weise besser vorbereitet. Wie bei den meisten Unternehmen sprang auch bei uns ein Mechanismus an, mit dem wir zunächst versuchten, unsere rund 55.000 Mitarbeiter in neun Ländern möglichst gut zu schützen und über die notwendigen Maßnahmen zu informieren. Gleichzeitig waren wir bemüht, die Produktionen und das Geschäft allgemein am Laufen zu halten. Zunächst aus der Not geboren und teils durch Anordnungen der Regierung bedingt, arrangierten wir flexible Arbeitszeiten und die Besetzung wichtiger Abteilungen und Funktionen im Wechsel, sodass im Krankheitsfall von Mitarbeitern immer ein

Backup bestand. In den Produktionsbereichen war dies jedoch häufig nur schwer umzusetzen. In Hongkong war man auch 2020 noch nicht mit flexiblen Arbeitszeiten vertraut. Die positive Konsequenz dieser schlimmen Pandemiesituation war, dass ich meine Mitarbeiter und Peers sowie meinen CEO davon überzeugen konnte, dass uns flexiblere Arbeitszeiten auch in der Zeit nach der Pandemie helfen können. Sie motivieren die Mitarbeiter, denen man das Vertrauen entgegenbringt, ihre Arbeit gewissenhaft auszuführen. Zudem können sie ihren Tagesablauf mit Arbeit und Freizeit zumindest zu einem Teil zeitlich selbst bestimmen und organisieren.

Die schnelle weltweite Eskalation und Ausbreitung von COVID führte trotz einer besseren Vorbereitung im Vergleich zur SARS-Epidemie zu Panik in vielen Bereichen - nicht nur geschäftlich, sondern auch im privaten Umfeld. Die leeren Regale in den Supermärkten im Bereich der Hygieneartikel, wie zum Beispiel Toilettenpapier oder Desinfektionsmittel, die Suche nach Masken und die Diskussion über deren Nützlichkeit, genauso wie die Suche nach und die Anwendung von Impfstoffen, all das ist uns allen sicher noch sehr deutlich in Erinnerung. Die Isolation, ob nun selbst auferlegt oder vorgeschrieben, war eine ganz besondere Herausforderung. Wenn man viele Tausend Kilometer entfernt von Teilen seiner Familie lebt, dann wird das zu einer echten Prüfung. Unsere Töchter lebten zu dem Zeitpunkt bereits beide wieder in Europa, meine Mutter ebenfalls in Deutschland und meine Frau und ich in Hongkong. Für mehr als zwei Jahre war es uns nicht möglich, uns persönlich zu treffen und in den Arm zu nehmen. Auch auf eine solche Situation muss man sich, wenn man den Schritt in ein entferntes Land wagt, gefasst machen.

Das bringt mich zu einem anderen Aspekt des Lebens im Ausland. Auch privat steht man oft, gewollt oder nicht, im Rampenlicht. Man muss sich daran gewöhnen, dass die Blicke anderer sehr oft auf einen selbst gerichtet sind. Das gilt genauso für die Familie, die ebenfalls lernen muss, mit solchen Situationen umzugehen.

Mir fällt dazu ein Beispiel ein, das unsere beiden Kinder betraf. Im August des Jahres 2000 unternahm ich mit meiner Familie einen Kurztrip nach Peking. Dort besuchten wir einige der vielen Sehenswürdigkeiten, unter anderem die Verbotene Stadt. Unsere beiden Töchter waren damals fünf und acht Jahre alt. Mit ihren blonden Haaren stachen sie etwas aus der Menge heraus, denn zu diesem Zeitpunkt waren die meisten Besucher lokale Touristen, die wohl zu 99 % schwarzhaarig waren. Beide wurden von vielen Fremden intensiv angeschaut und wir mussten ab und zu eingreifen, wenn man ihnen über die Haare streichen wollte. Das geschah nie mit böser Absicht, aber ohne darüber nachzudenken, dass es unsere Töchter, insbesondere die Jüngere, etwas erschrecken könnte. So etwas passiert sicher auch anderen Eltern, wenn sie mit ihren kleinen Kindern im Urlaub in einem fremden Land unterwegs sind.

Uns passierte das aber auch in Hongkong, was nun einmal zu dem Zeitpunkt unser Zuhause war. Ich finde es wichtig, darauf hinzuweisen, dass das Leben in der Fremde nicht immer ein Zuckerschlecken ist. Geht es der Familie in der neuen Umgebung nicht gut, dann hinterlässt das Spuren und wirkt sich auch negativ auf die eigene Arbeit aus.

Für Kinder bedeutet ein Leben im Ausland oft, sich häufig von Freunden verabschieden zu müssen. Die meisten Expat-Verträge sind Entsendungsverträge, die für ein bis drei Jahre abgeschlossen werden. Kaum hat sich die Familie in der neuen Umgebung etabliert, die Kinder in den Kindergärten oder Schulen einen Freundeskreis aufgebaut, ist der Entsendungsvertrag schon wieder vorbei und die ersten Freunde verlassen die Stadt oder das Land.

Für diejenigen, die zurückbleiben, ist das oft schwerer zu verarbeiten als für diejenigen, die in die Heimat zurückkehren oder einen weiteren befristeten Aufenthalt an einem anderen Standort anpeilen. Ist man selbst dabei aufzubrechen, dann kommt neben einer gewissen Nervosität wegen der wieder einmal unbekannten Umgebung, die auf einen wartet, auch wieder die Vorfreude auf das Neue auf. Für diejenigen, die zurückbleiben, entsteht jedoch erst einmal eine neue Lücke im Freundeskreis.

Ebenfalls nicht einfach ist es, während eines solchen Auslandsaufenthalts von den anderen Familienmitgliedern in der Heimat getrennt zu sein. Die eigenen Eltern oder andere ältere Verwandte und enge Freunde werden schließlich auch nicht jünger, und wenn sich gesundheitliche Beschwerden oder gar Notfälle ergeben, dann ist es in der Regel kaum möglich, innerhalb weniger Stunden vor Ort zu sein. Ich kenne kaum jemanden, der während seines Auslandsaufenthalts nicht selbst schon einmal in einer solchen Situation war. Dies kann durchaus belastend sein und erfordert auch von den daheimgebliebenen Familienmitgliedern und Freunden viel Verständnis und Unterstützung.

Ist man dann, ob aus geschäftlichen oder privaten Gründen, wieder einmal in der Heimat, sind auch dort oft alle Augen auf einen gerichtet. Die Fragen, die man hier aus den Gesichtern ablesen kann, sind eher: Hat er oder sie sich sehr verändert? Sind wir immer noch so gut befreundet wie früher? Hält er oder sie sich plötzlich für etwas Besseres?

Mit diesen Fragen und einigen Vorurteilen darüber, was ein Auslandsaufenthalt mit einem macht, muss man sich auseinandersetzen. In einigen Fällen führt dies zum Ende alter Freundschaften. Wirklich gute Freunde bleiben aber erhalten, wenn man Zeit und Mühe investiert, um diese Freundschaften auch aus der Distanz heraus zu pflegen.

Oft wird das Leben eines Expats auch von den Freunden und Verwandten in der eigentlichen Heimat als lange andauernder Urlaub, häufig in exotischen Ländern, angesehen. Dabei wird übersehen, dass eigentlich jeder Tag in einer fremden Umgebung, gerade in den ersten Jahren, Herausforderungen mit sich bringt, die es zu bewältigen gilt.

Geschäftsreisen in exotische Länder sind ein gutes Beispiel dafür. Aus der Sicht einiger Freunde in Deutschland hatte ich doch immer das große Privileg, viele Reisen in teils exotische Länder zu unternehmen, die anderen als Urlaubsländer in den Sinn kamen. Ich war unter anderem in Indien, Indonesien, Kambodscha, auf den Philippinen und in Sri Lanka. Die Wahrnehmung ist jedoch eine andere, wenn man nicht zum Urlaub, sondern zur Arbeit in diese Länder fliegt und sich nach der Ankunft in ein Büro, eine Fabrik oder ein Konferenzzentrum begibt. Der Tag wird dann mit Gesprächen, Verhandlungen, Produktdiskussionen etc. verbracht. In den meisten Fällen wird in einem guten Hotel abgestiegen, das nach wenigen Stunden Schlaf – falls man nicht durch Jetlag ohne Schlaf auskommen muss – wieder verlassen wird, um weiterzuarbeiten. Am Abend geht es dann häufig wieder zurück, nur um nach einer erneut kurzen Nacht im eigenen Haus wieder ins Büro zu fahren und dann dort weiterzuarbeiten. Mit etwas Glück bleiben dann auch ein paar Minuten mit Frau und Kindern, bevor es auf zur nächsten Geschäftsreise geht. Viele Jahre lang war dies mein normaler Arbeitsrhythmus. Dabei verliert sich die Faszination, in so viele unterschiedliche Länder zu reisen, sehr schnell. Letztlich sieht man immer wieder nur Flughäfen, Büros, Fabriken, Konferenzräume, Hotelzimmer und dann wieder den Flughafen. Besonders deutlich wurde mir das nach einigen Jahren, als ich feststellte, dass ich auf die Frage eines Freundes nach den Sehenswürdigkeiten all der Länder, die ich zum Teil schon viele Male bereist hatte, kaum eine Sehenswürdigkeit nennen konnte, die ich selbst schon besucht hatte. Dafür blieb eben einfach keine Zeit. Nicht nur einmal rief ich nachmittags meine Frau aus dem Büro an und bat sie, mir schon einmal den Koffer parat zu stellen, da ich kurzfristig wegfliegen müsste. Pläne mit der Familie mussten dann hinten angestellt werden.

So sehr der Reiz der vielen Flüge und Aufenthalte in 5-Sterne-Hotels verfliegt, so bieten diese Reisen dennoch immer wieder auch unvergessliche Momente.

Bei meiner ersten Geschäftsreise nach Sri Lanka Ende der 90er-Jahre traf ich mich dort mit einem Agenten, der für uns das Einlagestoffgeschäft in Sri Lanka verantwortete. Nach den gewohnten Geschäftsterminen in den Fabriken lud er mich zu einem Abendessen in sein Wochenendhaus etwas außerhalb der Stadt ein. Auf dem Weg dorthin passierten wir einen öffentlichen Park in Colombo und er fragte mich, ob er mir noch schnell etwas zeigen dürfte. Wir hielten an und machten uns zu Fuß auf den Weg in den Park. Dort erwartete uns dann seine Überraschung: ein ausgewachsener Elefant mit seinem Mahut. Auf meinen zwar begeisterten, aber doch sehr fragenden Blick hin erklärte er mir, dass dies sein Elefant sei, den er seinen Mitbürgern in Colombo aber nicht vorenthalten wolle. Deshalb lasse er ihn jeden Tag in den Park bringen, damit andere Menschen ihn besuchen, bewundern und mit Bananen und anderen Leckereien verpflegen können.

Noch immer kopfschüttelnd erreichten wir wenig später das, was er mir als sein kleines Wochenendhaus beschrieben hatte. Es handelte sich tatsächlich um eine kleine Farm mit allen möglichen Tieren, die man auf einer Farm so vorfindet, von Tauben, Hühnern und Gänsen über Schweine, Ziegen bis hin zu Pferden in eigens dafür vorgesehenen Stallungen und auf notwendigen Weideflächen. Das Abendessen wurde von einem eigenen Koch zubereitet und serviert. Ich fragte mich dann schon, ob unsere Kommission für Agenten vielleicht ein klein wenig zu hoch angesetzt war. Den Abend habe ich aber sehr genossen und bis heute nicht vergessen.

Um bei Elefanten zu bleiben: Auch in Bangladesch hatte ich einmal ein Erlebnis mit einem ausgewachsenen Elefanten. Dieser wurde aber nicht zum Vergnügen der Mitmenschen in einem öffentlichen Park gehalten, sondern diente einer Gang von, sagen wir einmal, nicht ganz offiziellen Straßenhütern dazu, sich den Autos auf der Straße in den Weg zu stellen, bis man eine Art Straßengebühr gezahlt hatte und der Elefant dann auch den Weg wieder freigab. Straßenräuberei auf eine Art, die ich ebenfalls nie vergessen werde.

Die Reisen nach Indien und insbesondere die dortigen oft stundenlangen Autofahrten zu den Fabriken oder zu unseren Büros etc. waren ebenfalls immer abenteuerlich. Die gleichzeitige Nutzung der Hauptverkehrsstraßen durch Autos, Motorräder, Lastkraftwagen, Fahrräder, Rikschas, Fußgänger, heilige Kühe und alles, was sich sonst noch so dort vorwärts bewegte, sorgte immer für Spannung. Wenn dann noch die Fahrkünste des Fahrers so ausfielen, dass er selbst beim Überholvorgang eines langen Lastkraftwagens mit Anhänger und andauerndem Gegenverkehr nicht wenigstens kurz in einen niedrigeren Gang schaltete, um etwas Beschleunigungskraft zu haben und stattdessen im Schneckentempo an dem zu überholenden Fahrzeug vorbeischlich und dem mittlerweile nahegerückten Gegenverkehr todesmutig entgegenstarrte, dann blieb einem nur noch, die Augen zu schließen und das Beste zu hoffen. Erst als ich unserem Fahrer dort androhte, selbst ans Steuer zu gehen und ihn als Fahrer abzulösen, erhörte er meine Gebete. Von da an nutzte er die verschiedenen Gänge und die damit verbundenen Beschleunigungsmöglichkeiten.

In all den Jahren hat es mich jedoch am meisten begeistert, so viele Menschen unterschiedlichster Herkunft, Bildung und Position in der Gesellschaft oder im Unternehmen zu treffen. Sie alle haben ihre ganz eigene Geschichte zu erzählen, und wenn man sich die Zeit nimmt, ihnen zuzuhören, dann lassen sie einen auch daran teilhaben. Oft habe ich es erlebt, dass mir Mitarbeiter während der langen Fahrten in die Fabriken ihre ganz eigene Geschichte oder die ihrer Familie erzählten. So tauschten wir uns darüber aus, welche Ausbildung wir unseren Kindern ermöglichen wollen oder auch welcher Freizeitbeschäftigung wir gerne nachgehen. Durch die Erzählungen eines unserer Fahrer in Indien, der mich regelmäßig vom Flughafen abholte und am Ende meines Aufenthalts auch wieder dorthin brachte, habe ich bis heute das Gefühl, seinen Sohn aufwachsen zu sehen. Bis heute stehen wir ab und zu in Kontakt und mit viel Stolz hat er mir berichtet, dass sein Sohn ein Studium absolviert und heute einen gut bezahlten Job hat. Ich weiß sehr wohl, dass jedes kleine Geldgeschenk, das ich ihm ab und zu am Flughafen für die Ausbildung seines Sohnes in die Hand drückte, auch genau dafür verwendet wurde.

Oft habe ich dann erlebt, dass sich eine gewisse Vertrautheit entwickelte, die sich in der Zusammenarbeit bei den geschäftlichen Belangen als sehr vorteilhaft erwies, da wir die Firma wie eine erweiterte Familie betrachteten.

Meine Mitarbeiter sahen mich somit auch als eine Art Familienoberhaupt, was ich mit allem Respekt und der damit einhergehenden Verantwortung annahm.

KAPITEL 11

Verhandlungen über Grenzen hinweg

In jedem international tätigen Geschäft sind Verhandlungen über Grenzen hinweg an der Tagesordnung. Es sollte doch eigentlich egal sein, mit wem und insbesondere wie man bestimmte Themen diskutiert und verhandelt, oder nicht?

Einen kleinen Vorgeschmack auf Verhandlungen mit Geschäftspartnern anderer Herkunft hatte ich bereits während meiner Zeit bei Freudenberg und der dortigen Funktion im M&A-Bereich unter anderem bei den Vertragsverhandlungen zur Übernahme einer italienischen Firma bekommen.

Aus Asien heraus bekam ich die Gelegenheit, Verhandlungstaktiken aus Fernost, Südostasien, Europa und den USA kennenzulernen. Hier nun einige Beispiele dafür.

Die Kunst, das Schweigen zu lesen

Während es im chinesischen Umfeld in Restaurants, auf der Straße oder im Büro oft laut, lebhaft und wortreich zugeht, ändert sich das Verhalten am Verhandlungstisch deutlich. Sun Tzus „The Art of War" ist in vielen Bereichen ein guter Ratgeber, um die chinesische Mentalität besser zu verstehen. Nicht, dass ich es mit irgendwelchen kriegerischen Handlungen zu tun gehabt hätte, aber bei jeglichen Verhandlungen geht es chinesischen Verhandlungspartnern um das Siegen. Im Idealfall sollen möglichst viele, wenn nicht alle, der eigenen Ziele durchgesetzt werden. Kompromisse sind nur dann gut oder zumindest akzeptabel, wenn man doch noch wenigstens ein paar mehr Ziele durchsetzen konnte als der Verhandlungspartner.

Oft war ich bei Preisverhandlungen mit unseren Zulieferern zugegen oder wurde hinzugezogen, wenn die Mitarbeiter nicht mehr weiterkamen. In solchen Fällen kam mir zunächst mein Titel zugute. Je nachdem, mit wem meine Mitarbeiter zuvor verhandelt hatten und welche Funktion und welchen Titel dieser Verhandlungspartner innehatte, konnte meine Anwesenheit oder mein Beitrag dazu führen, dass die Kompromissbereitschaft etwas anstieg. Schließlich wurde mir der Respekt für meine Funktion entgegengebracht, was oft mit etwas besseren Zugeständnissen verbunden war. Das bedeutete jedoch nicht, dass dann meine/unsere Vorstellungen vollständig erfüllt wurden.

Saßen am Ende beide Bosse am Verhandlungstisch, begann die eigentlich interessante und letztlich entscheidende Verhandlungsrunde. Oft schaute mich mein Gegenüber dann freundlich an und ging lächelnd wieder auf die Ausgangsbasis, sprich, einen für mich/uns nicht akzeptablen Preis, zurück. Anfangs war ich durch ein solches Verhalten überrascht und in gewisser Weise sprachlos. Schließlich waren wir doch zuvor schon viel weitergekommen. Bald hatte ich aber verstanden, dass dies nicht wirklich mit der Erwartung ausgesprochen wurde, meine Zustimmung zu erhalten, sondern dass damit alle Schachfiguren wieder neu aufgestellt wurden. In der Regel wartete mein Gegenüber dann meine Reaktion ab.

In „The Art of War" wird empfohlen, den Verhandlungspartner zunächst zu testen und zu analysieren. Hätte ich nun meine Überraschung oder gar meinen Ärger darüber gezeigt, dann wäre mir das als Schwäche ausgelegt worden und ich hätte unter Umständen meine Chancen auf eine erfolgreiche Verhandlung stark vermindert. Die richtige Reaktion, die mir in vielen Fällen dann zugutekam, war und ist, selbst in ruhigem Tonfall die eigene Maximalforderung zu wiederholen und in den Raum zu stellen. Oft folgten darauf mehrere Minuten des

Schweigens, vielleicht auch ein freundliches Lächeln und das Angebot, etwas zu essen oder zu trinken, bevor das eigentliche Thema wieder aufgegriffen wurde.

Nun konnte ich Verständnis für die Forderung meines Lieferanten zeigen, aber dennoch ebenfalls lächelnd meine Maximalforderung wiederholen. Die Kunst an dieser Stelle ist es, das Schweigen des anderen zu lesen. Gelang das, dann konnte ein Kompromiss herausgearbeitet werden. Wenn ich Verständnis für die Forderung des anderen zeigte, konnte er vor den eigenen Mitarbeitern das Gesicht wahren und gleichzeitig als Boss einem Kompromiss zustimmen.

Natürlich verliefen nicht alle Preisverhandlungen auf diese Weise, aber beim ersten Zusammentreffen ergaben sich solche oder ähnliche Situationen häufig. Kannte man sich dann besser und führte regelmäßig Verhandlungen dieser Art miteinander, dann wurden diese auch effektiver und schneller abgearbeitet.

Eine Verhandlung ist mir besonders in Erinnerung geblieben. Es ging dabei um einen Landkauf. Wir hatten Jahre zuvor mehrere Fabriken gekauft, die alle auf einem großen industriellen Gelände operierten, das dem Verkäufer der Fabriken gehörte. In den ursprünglichen Verträgen gab es eine Klausel, die es uns erlaubte, das Gelände, auf dem die Fabriken standen, von dem Vorbesitzer zu einem Festpreis zu kaufen. Als wir die Entscheidung trafen, diese Option wahrzunehmen, war die Frist hierfür allerdings gerade abgelaufen. Unser CEO beauftragte mich, die Verhandlungen vor Ort zu führen. Kaum hatte ich meinem Gegenüber die Hand gegeben, wurde der Preis für das Gelände um mehrere Millionen USD erhöht.

Ein enger Mitarbeiter und Kollege, der vor Ort stationiert war, war aufgrund seiner lokalen Kenntnisse gemeinsam mit mir in diese Verhandlungsrunde eingetreten. Mir war bewusst, dass wir die Frist tatsächlich versäumt hatten und der Festpreis somit ungültig war. Trotzdem bot ich meinem Gegenüber lächelnd genau diesen Festpreis an. Die Maximalforderung auf beiden Seiten war damit genannt. Es war schön zu sehen, dass ich damit nicht nur meinen Kollegen überrascht hatte, er musste sein Lächeln unterdrücken, sondern ganz besonders mein Gegenüber. Wir hatten uns bis dahin noch nicht persönlich getroffen und er hatte nicht damit gerechnet, dass ich so ruhig bleiben würde und dann auch noch ohne jede Erklärung auf den niedrigeren Festpreis bestand.

Es dauerte eine ganze Weile. Als er sich schließlich zurückzog, um mit dem Landbesitzer, seinem direkten Chef, zu sprechen, wusste ich, dass ich mich in eine gute Verhandlungsposition gebracht hatte. Nach seiner Rückkehr in den Verhandlungsraum war er bereit, mir einen etwas niedrigeren Preis anzubieten. Erneut antwortete ich freundlich, ruhig und mit einem Lächeln, dass wir nur den ursprünglich im Vertrag vorgesehenen niedrigen Festpreis bezahlen würden. Seine Reaktion darauf war leicht abzulesen. Das war ihm so in Verhandlungen mit einem Westler noch nicht widerfahren. Ein weiteres Zeichen für mich, dass der Kompromiss, von dem ich wusste, dass wir ihn aushandeln mussten, etwas mehr zu meinen Gunsten ausfallen würde. Um es kurz zu machen: So kam es am Ende auch. Wir einigten uns auf einen Preis, der deutlich näher an meinem niedrigen Festpreis als an seiner ursprünglichen Forderung lag. Mein Kollege und ich haben oft darüber gesprochen, dass die Verhandlungstaktik eben eine wichtige Rolle spielt.

Doch nicht immer war der Ausgang von Verhandlungen positiv. Eine Erfahrung, die ich zum Beispiel während meiner Zeit bei der TMS Group in einem Fall in unseren damaligen Büros in Shanghai machen musste. Unser dortiges Team hatte über einen lokalen Agenten eine Produktion für einen unserer Topkunden in Auftrag gegeben. Die Lieferung wies allerdings Mängel auf, sodass es zu einem Streit über die Schadensregulierung kam. Zunächst einmal ist das nichts Besonderes, denn solche Fälle kommen nun einmal vor. Oft hielten wir dann einen Prozentsatz der Zahlung an den

Produzenten zurück, bis der endgültige Schadensbetrag und auch die Frage der Verantwortung für den Schaden geklärt waren. In diesem konkreten Fall war der lokale Agent jedoch nicht nur uneinsichtig, sondern lehnte auch jegliche Verantwortung ab. Darüber hinaus nutzte er die Tatsache, dass sein Cousin bei der Staatsanwaltschaft des Gerichts in Shanghai tätig war, um auf undurchsichtige, aber eindeutige Weise zu erreichen, dass unsere Firmenkonten des Shanghai-Büros bei den Banken eingefroren wurden. Wir waren weder in der Lage, normale Transaktionen noch Gehaltszahlungen auszuführen. Die übliche Reaktion wäre es gewesen, sofort gerichtlich gegen diese unbegründete Maßnahme vorzugehen und deren Aufhebung zu bewirken. Das besprach ich mit der Absicht, so vorzugehen, mit unserem Anwalt in Hongkong. Dieser Anwalt verfügte neben sehr guten juristischen Kenntnissen auch über das Wissen, wie in solchen Fällen zu reagieren ist. Nachdem ich ihm die Sachlage erklärt hatte und immer noch sehr aufgebracht mit ihm die Klage vorbereiten wollte, erhielt ich von ihm die lapidare, aber eindeutige Aussage, dass die Chancen, durch eine Klage kurzfristig eine Aufhebung der Kontenrestriktionen und eine Regelung des Schadensfalls zu erreichen, minimal seien. Nach seiner Erfahrung waren wir als ausländisches Unternehmen hier in einer sehr viel schwächeren Position als der lokale Agent, zumal dieser noch familiäre Unterstützung in der Staatsanwaltschaft in Shanghai hatte. Der Rat unseres Anwalts war also, dass ich mich persönlich zu einer Kompromissverhandlung mit dem lokalen Agenten nach Shanghai begeben sollte.

So flog ich am nächsten Tag nach Shanghai und traf mich gemeinsam mit unserer dortigen Büroleiterin und den Agenten in unserem Büro zum Kompromissgespräch. Wir trafen uns gleich am Morgen nach meiner Ankunft und verhandelten den ganzen Tag. Mit „Verhandlung" meine ich, dass wir uns den ganzen Tag gegenüber saßen, ich die Fakten erklärte, warum es zu diesem Schadensfall gekommen war und warum auch der Agent und/oder die Fabrik zumindest eine Teilverantwortung für den Schaden übernehmen müssten. Er saß mir gegenüber und sagte kaum ein Wort und zeigte über Stunden kein Anzeichen von Einsicht oder Kompromissbereitschaft. Am Abend machte er dann doch plötzlich den Vorschlag, einen, wenn auch geringen, Beitrag des Schadensbetrags zu übernehmen, die Klage gegen unser Büro in Shanghai zurückzuziehen und die damit verbundenen Kontenrestriktionen bei den Banken aufzuheben. Man kann sich vorstellen, wie froh ich über diesen Ausgang war. Notgedrungen bestätigte ich seinen Kompromissvorschlag und erklärte, dass ich über Nacht eine schriftliche Vereinbarung hierüber aufsetzen würde, die wir dann am nächsten Morgen beide vor Ort unterschreiben könnten.

Als ich ihm schließlich das vertragliche Werk meiner Nachtschicht am nächsten Morgen zur Unterschrift vorlegte, schaute er mich nur an und sagte, dass er doch keinen Kompromiss wolle und gar nichts von dem Schadensbetrag übernehmen werde. Ich könne das ja so akzeptieren und die Konten würden dann auch wieder freigegeben werden. Ich bin ganz sicher kein gewalttätiger Mensch, aber in diesem Moment musste ich mich sehr zusammenreißen, um ihn nicht am Hemdkragen zu packen und über den Tisch zu ziehen. Er stand auf, verließ unser Büro und wir waren wieder völlig am Anfang. Es ist allein meiner Büroleiterin zu verdanken, dass sie es geschafft hat, ihn zu einem weiteren Verhandlungsgespräch zu bewegen. Ich stornierte meinen geplanten Rückflug nach Hongkong und einen Tag später trafen wir uns erneut, allerdings auf neutralem Boden in einem Büro, das zwar zur Luen Thai Gruppe, aber nicht direkt zur TMS Group gehörte. Ein weiterer lokaler Kollege aus der Luen Thai Gruppe kam als Vermittler hinzu. Letztlich waren es er und unsere Büroleiterin, die die Verhandlung führten. Ich hielt mich weitestgehend zurück und versuchte, ein möglichst unbeeindrucktes Gesicht zu machen, und wartete geduldig auf ein Zeichen der Einigung. Am Ende eines langen weiteren Tages kam es dann tatsächlich dazu.

Die Unterschriften setzten wir direkt vor Ort unter den ausgehandelten Kompromiss und der Fall war endlich abgeschlossen.

Bei Weitem nicht zu meiner vollen Zufriedenheit, aber mit der Erkenntnis, dass in anderen Ländern eben andere Regeln gelten und in einigen Ländern ein Ausländer nicht unbedingt die gleichen Rechte und Möglichkeiten genießt wie ein lokaler Geschäftspartner.

Geduld und Beharrlichkeit als Notwendigkeit

In Indien habe ich bei Verhandlungen erlebt, dass Ergebnisse aus den Gesprächen oft erst im Nachgang nochmals bestätigt werden mussten, bevor sie umgesetzt werden konnten.

Dies hat nichts damit zu tun, dass man nicht zu den Verhandlungsergebnissen stehen wollte, sondern häufig wurden die eigentlichen Entscheidungsträger erst spät eingesetzt oder es musste erst ihre Zustimmung eingeholt werden.

Da ich in der Regel als Kunde dort war, wurde mir sehr höflich sehr viel versprochen. Allerdings wurden Details oftmals nicht sofort versprochen. Man hielt sich gerne die Hintertür offen, um ein Angebot ggf. noch einmal revidieren zu können. An dieser Stelle wurde meine Geduld des Öfteren auf die Probe gestellt, doch jedes weitere Drängen hätte nicht direkt zum Erfolg geführt.

Anders als in China waren bei solchen Verhandlungen in Indien immer deutlich mehr Personen zugegen. Die Chefs hatten so immer die Möglichkeit, einen ihrer Mitarbeiter aufzufordern, bestimmte Dinge zu analysieren und dann mit dem Ergebnis zu ihnen zurückzukommen. Damit gaben sie sich selbst etwas mehr Zeit – mit anderen Worten: Eine Entscheidung wurde dann erneut vertagt.

Bei Diskussionen über die Anmietung neuer Büroräume und die damit verbundenen Mietkonditionen war es beispielsweise oft notwendig, die Verhandlungen auszusetzen oder mit einem Rückzug zu drohen, um nach einer entsprechenden

Verhandlungspause doch eine Einigung zu erzielen. Daher waren meine Reisen nach Indien auch zahlreich.

Gerade in Indien sind die bürokratischen Notwendigkeiten, um Verträge rechtsgültig abzuschließen, nicht zu unterschätzen. Ohne professionelle Unterstützung ist es oft unmöglich, einen rechtsgültigen Vertrag abzuschließen. Eine solche Unterstützung ist in der Regel sehr teuer. Glücklicherweise hatte ich bereits bei den ersten Schritten zur Büroeröffnung Heather Almeida kennengelernt. Sie war eine außergewöhnliche Inderin mit zahlreichen guten Kontakten in ganz Indien. Sie selbst hatte eine Ausbildung in den USA absolviert, dort einige erfolgreiche Jahre verbracht und war schließlich nach Indien zurückgekehrt, um ihr eigenes Geschäft aufzubauen. Sie stand aber auch immer für Beratungen und Projektarbeiten zur Verfügung. Dank ihrer Hilfe lernte ich erfahrene Wirtschaftsprüfer und Anwälte kennen, die nicht als Angestellte in großen Firmen, sondern selbstständig tätig waren und mir aufgrund ihrer Freundschaft mit Heather mit Rat und Tat zur Seite standen. Ohne deren Hilfe wären viele meiner Projekte in Indien nicht oder nur sehr schwer durchzuführen gewesen.

Neben Heather möchte ich mich auch bei den Herren Sarabeswaran in Chennai und Dr. Rao in Delhi bedanken.

Beide waren auch besonders in einen Rechtsstreit mit einer Fabrik in Indien eingebunden. Auch hierbei ging es um einen Schadensfall aufgrund einer fehlerhaften Produktion dieser Fabrik. Unser Endkunde, für den die Ware hergestellt worden war, konnte diese nicht in den Verkauf geben und stellte daher eine Rechnung für die entstandenen Kosten und den entgangenen Gewinn. Da wir der Fabrik nachweisen konnten, dass sie die Mängel gekannt, aber absichtlich vor unseren Qualitätsinspektoren verborgen hatte, machten wir die Fabrik für den Schaden verantwortlich und hielten eine entsprechende Summe bei der Zahlung an die Fabrik zurück.

Die Reaktion der Fabrik hätte ich jedoch niemals erwartet. Anstatt die Schuld einzugestehen und den Schaden monetär zu begleichen, bediente man sich, sagen wir mal, etwas korrupter Methoden bei der örtlichen Polizei und ließ unseren Buchhalter und Exportleiter unter dubiosen und frei erfundenen Vorwürfen verhaften. Ich erhielt diese Information durch den Anruf der Frau unseres Buchhalters, die mir weinend davon erzählte, dass ihr Mann nun auf der lokalen Polizeistelle festgehalten würde.

Was folgte, waren zahlreiche Telefonate, und unsere oberste Priorität war es, unsere Mitarbeiter aus dieser Situation zu befreien und jegliche Anschuldigungen wieder zurückziehen zu lassen.

Mithilfe der genannten Herren gelang uns das auch. Drohungen der Fabrik und durch sie beauftragte Besuche von Personen mit Baseballschlägern in unserem Büro kannte ich bis dahin nur aus Filmen, aber sie fanden tatsächlich statt. Mein Dank gilt an dieser Stelle auch noch einmal unserem Fahrer Ramesh, der eine kräftige Statur hat und diese Straßenräuber kurzerhand vor die Tür setzte. Natürlich gingen wir gegen diese Fabrik auch rechtlich vor, aber es dauerte sage und schreibe fünf Jahre, bis wir durch alle Instanzen beim Obersten Gericht in Delhi gelandet waren und dort Recht gesprochen bekamen. Zu diesem Zeitpunkt war die Fabrik allerdings nicht mehr zahlungsfähig, sodass wir letztlich auf dem Schadensbetrag sitzen blieben. Aber es war notwendig, auch unseren Mitarbeitern gegenüber ein Zeichen zu setzen und zu zeigen, dass wir uns durch kriminelle Vorgehensweisen nicht einschüchtern lassen und für unser Recht und das Ansehen unserer Mitarbeiter kämpfen.

Glücklicherweise blieben solche unangenehmen Ereignisse und die damit einhergehenden gerichtlichen Auseinandersetzungen die absolute Ausnahme. Die Verhandlungen, die ich zu führen hatte, beschränkten sich in der Regel auf rein geschäftliche Aspekte.

Während sich die Verhandlungen auf der Einkaufsseite weitgehend auf China und Südostasien beschränkten, hatte ich auf der Verkaufsseite überwiegend mit europäischen und amerikanischen Kunden zu tun.

Auch in der westlichen Welt gibt es sehr unterschiedliche Verhandlungsmuster

Es ist erstaunlich, wie unterschiedlich die Gespräche mit europäischen im Vergleich zu amerikanischen Kunden ablaufen.

Das Handelsgeschäft der TMS Group war zu Beginn vollständig auf europäische, überwiegend deutsche bzw. in Deutschland tätige Modemarken ausgerichtet. Besuche bei den Kunden oder auch deren Besuche bei uns in den Büros und Fabriken waren oft von sehr direkten Diskussionen geprägt. Eine unserer Stärken war die interne Design- und Entwicklungstätigkeit. Die daraus entstandenen Muster wurden bei den Gesprächen präsentiert und besprochen. Die Rückmeldung von Kundenseite kam dann in der Regel sehr klar und direkt. Entweder wir lagen mit unseren Vorstellungen und unserer Stilrichtung richtig, oder eben nicht. Überzeugten unsere Konzepte und Muster, dann wurde, notwendige Qualität und Preis vorausgesetzt, sehr schnell über die daraus folgenden Aufträge und Auftragsmengen gesprochen.

Ähnlich verliefen auch die Verhandlungen im Falle von Qualitätsmängeln. Neben unserer internen Qualitätskontrolle noch vor Ort in den Produktionsbetrieben nahmen alle Kunden auch beim Wareneingang erneute Qualitätskontrollen vor. Da bei den vielen Tausenden von Einzelteilen nicht jedes Teil inspiziert werden kann, können immer auch einige defekte Teile durch die Kontrollen rutschen. In solchen Fällen musste geklärt werden, ob es sich wirklich um Ausnahmen oder generelle Qualitätsmängel handelte und welche Konsequenzen bzw. finanziellen Schäden und Forderungen sich daraus ergaben.

Das sind keine angenehmen Gespräche, aber sie müssen nun einmal geführt werden. Meine Erfahrung ist, dass man die Dinge beim Namen nennen und nicht versuchen sollte, etwaige Fehler kleinzureden. Dann muss man aber auch darauf bestehen, dass mögliche Schadensforderungen ebenfalls realistisch bleiben, damit ein Verhandlungsergebnis erzielt wird, das allen Parteien gerecht wird. Nur so ist eine weitere vertrauensvolle Zusammenarbeit möglich.

Nun verliefen vergleichbare Gespräche und Verhandlungen mit amerikanischen Kunden nicht komplett anders, doch musste ich lernen, das Gesagte stärker zu relativieren.

Ein gutes Beispiel dafür ist ein erster Besuch bei einem zu dem Zeitpunkt sehr erfolgreichen amerikanischen Unternehmen mit Hauptsitz in Columbus, Ohio. Wer die Branche etwas kennt, wird ohne Zweifel wissen, um welche Modemarke für junge Kunden es sich dabei handelte. Wir hatten damals in der Unternehmensgruppe Luen Thai bereits eine direkte Produktion für diese Marke betrieben. Das Problem war jedoch, dass eine Fabrik oft nur eine begrenzte Auswahl an Produkten herstellen kann. Oft sind Textilfabriken entweder auf Hemden und Kleider oder T-Shirts und Poloshirts oder Hosen etc. ausgerichtet. Im Handelsgeschäft der TMS Group hatten wir jedoch die Möglichkeit, ein viel breiteres Sortiment an Produkten anzubieten, da wir auf sehr viele unterschiedlich spezialisierte Fabriken in unserem Lieferantenpool zugreifen konnten. Unsere Kollegen der hauseigenen Fabrik waren daher bereit, uns das Geschäft mit diesem Kunden zu überlassen. Unser gesamtes Management-Team, bestehend aus dem CEO, CFO, CPO und ein oder zwei weiteren Mitarbeitern aus den Bereichen Design und Kundenbetreuung, machte sich also auf den Weg nach Ohio.

Wie immer waren wir gut vorbereitet, hatten eine Vielzahl von Musterprodukten dabei und unser Konzept der sehr flexiblen und schnellen Lieferungen im Gepäck. Bei dem Kunden gab es damals eine hausinterne Regel, nach der dort keine schwarze Kleidung getragen werden sollte. Auch darauf waren wir vorbereitet und hatten uns entsprechend gekleidet.

Die Rezeption des Unternehmens war von drei jungen Männern in Shorts, T-Shirts und mit Flip-Flops an den Füßen besetzt und wir wurden wie alte Bekannte begrüßt und kurz in die Wartezone gesetzt.

In den darauffolgenden Gesprächen mit den verschiedenen Abteilungen des Kunden empfing uns ebenfalls überall eine nette, ja freundschaftliche Atmosphäre und unsere Präsentation der mitgebrachten Musterprodukte und unsere Vorgehensweise wurde in den höchsten Tönen gelobt. „Awesome" hieß es fast ständig, eben einfach herausragend, fantastisch, super, beeindruckend.

Besser kann es nicht laufen, oder? Ich erinnere mich gut daran, wie wir nach diesem Besuch zusammensaßen und immer noch euphorisch über das so positive Feedback waren, dass wir glaubten, mit diesem ersten Besuch bereits ein Millionengeschäft an Land gezogen zu haben. Dem war allerdings nicht so.

Das Millionengeschäft mit dem Kunden kam zwar tatsächlich zustande, aber es dauerte gut noch ein bis zwei Jahre, bis die Aufträge regelmäßig und in den erhofften Stückzahlen bei uns eintrafen.

Wir hatten einfach geglaubt, dass der amerikanische Kunde genauso wie unsere anderen europäischen und deutschen Kunden nur dann solche Begeisterung zeigte, wenn er das wirklich so empfand und dann eben auch konsequent das Geschäftsverhältnis sofort aufbaute. In Amerika war die Begeisterung für unser Angebot nicht komplett gespielt, aber eben doch typisch amerikanisch etwas überzogen. „Awesome" hieß dort eben nicht, dass das so fantastisch gut war, dass man sofort Aufträge vergibt, sondern dass wir durchaus eine gute Präsentation abgeliefert hatten und man sich darüber im Nachgang Gedanken machen und dann die ersten kleinen Schritte mit uns gehen würde.

Dieses kleine Beispiel soll keineswegs die Zusammenarbeit mit unseren amerikanischen Kunden schmälern oder in ein schlechtes Licht rücken, sondern erneut darauf hinweisen, dass man die lokale Kultur und die lokalen Gepflogenheiten kennen und einschätzen muss, um in Verhandlungen die jeweils erforderliche Taktik und Vorgehensweise anzuwenden.

Der Plan für jede Verhandlung sollte zunächst auf diesem Wissen aufbauen und es ermöglichen, sich schnell und flexibel dem Verlauf der Gespräche anzupassen.

KAPITEL 12

Mentoren haben und Mentor sein

Der Begriff „Mentoring" wird in den vergangenen Jahren immer häufiger genannt und tatsächlich auch angewandt. Doch was genau versteht man darunter?

Als Mentoren werden im Allgemeinen erfahrene Kollegen, oft auch Vorgesetzte, bezeichnet, die entsprechend jüngere, unerfahrene Kollegen und Mitarbeiter in ihrer persönlichen und beruflichen Entwicklung unterstützen. So oder so ähnlich wird man die Definition eines Mentors in vielen Quellen nachlesen können.

Meiner Meinung nach zeichnet sich ein Mentor dadurch aus, dass er sich die Mühe macht, seine Mentees nicht nur fachlich, sondern auch in Bezug auf ihre individuellen Lebensumstände und Charaktereigenschaften einzuschätzen und darauf einzugehen. Ist das private Umfeld offen für Veränderungen? Sei es der Leistungsdruck, der bei erfolgreichen Karrierewegen unweigerlich seine Wirkung zeigt, oder potenzielle Veränderungen wie Umzüge in andere Städte oder Länder. Ohne die Unterstützung aus dem privaten Umfeld hat auch eine Förderung durch einen Mentor nur geringe Erfolgsaussichten.

Als ich in den 90er-Jahren meine ersten Schritte im Berufsleben machte, gab es zwar bereits das Konzept der Mentoren, es war jedoch oft nicht als solches ausgewiesen und institutionalisiert. Neue Mitarbeiter wurden eingearbeitet, aber das war es dann auch oft schon. Vorgesetzte konnten, mussten aber nicht automatisch Mentoren sein. Ohne dass die Bezeichnung

„Mentor" genutzt wurde, hatte ich das Glück, dass meine ersten Vorgesetzten tatsächlich alle in diese Rolle geschlüpft sind, ohne als Mentoren bezeichnet zu werden. Sie gaben mir nicht nur in den rein sachlichen Fragen, sondern insbesondere in Fragen der Personalführung, der Organisation von Arbeitsabläufen sowie der beruflichen Orientierung wichtige Ratschläge und Anregungen.

Dies war zum damaligen Zeitpunkt nicht von der Personalabteilung vorgegeben. Ich hatte wahrscheinlich einfach großes Glück, dass ich genau diesen Personen begegnete, gerade in den besonders wichtigen Entscheidungsmomenten, wie der ersten Möglichkeit, eine Abteilung zu leiten, den ersten Schritt nach Hongkong zu wagen und dort an neue Kulturen und Gepflogenheiten herangeführt zu werden. An dieser Stelle richte ich meine Grüße und meinen Dank nochmals an all diese für meine Karriere so wichtigen Menschen. Ihre Namen muss ich nicht nennen, denn erstens wissen sie genau, dass sie gemeint sind und zweitens – was noch viel wichtiger ist – sie legen keinen Wert darauf, sich dafür loben zu lassen, was ihnen ein persönliches Anliegen war und ist.

Ich habe von diesen Mentoren sehr profitiert, weshalb es für mich selbstverständlich ist, jungen Talenten mit Rat und Tat zur Seite zu stehen.

In meiner Anfangszeit in Hongkong musste ich nach wenigen Monaten bereits eine meiner Abteilungsleiterinnen ersetzen, da sie die Firma aus persönlichen Gründen verlassen wollte. Auf dem Arbeitsmarkt gab es jede Menge qualifizierter Personen für diese Rolle, aber ich gab einer jungen Mitarbeiterin aus dem Team die Chance, diese Leitungsfunktion zu übernehmen. Ich kann mich gut an ihre Zweifel erinnern, ob sie den Anforderungen gewachsen sei. Das war der Moment, in dem ich ihr als Mentor zur Seite stand und sie ohne Hast, aber kontinuierlich unterstützte. Dies geschah zum Teil durch Beispiele, die ich ihr gab, wie man gewisse Aufgaben oder auch Situationen mit Mitarbeitern und Geschäftspartnern angehen kann. Oft half es ihr aber auch, wenn ich ihr zuhörte, wenn sie ihre Fragen und Zweifel äußerte. Wir haben damals intern nicht über Mentoren gesprochen, sondern uns als Sparringspartner bezeichnet und verstanden. Das Ziel war jedoch das gleiche.

Meine Erfahrungen mit einigen der Mitarbeiter, für die ich als Mentor aktiv war, waren oft von der lokalen Kultur geprägt. Mentoring muss daher in jedem Land auf die kulturellen Einflüsse abgestimmt werden. Gerade in Ländern, in denen hierarchische Strukturen noch sehr ausgeprägt sind, ist es für jemanden aus der obersten Management-Etage nicht immer einfach, mit einem jungen Talent offen und direkt über dessen Weg, Möglichkeiten, persönliche Stärken und Schwächen etc. zu reden. Noch weniger kann man erwarten, dass ein so junger Mitarbeiter direkt und offen antwortet, wenn er oder sie sich nicht sicher ist, wie die Antwort aufgenommen wird. In solchen Fällen waren wiederum gemeinsam durchgeführte Workshops oder auch das eine oder andere Outing eine gute Gelegenheit, die üblichen Barrieren der Hierarchien aufzubrechen und offene Gespräche zu ermöglichen.

In anderen Fällen gab es für das eine oder andere Talent im eigenen Unternehmen nicht unbedingt die passende Position, sodass letztlich einige dieser Mitarbeiter gegangen sind und ihren Weg in anderen Unternehmen fortgesetzt haben. Da wir durch mein Mentoring aber durchaus eine freundschaftliche Beziehung entwickelt hatten, blieb bei diesen der Kontakt auch nach ihrem Weggang bestehen. In einigen Fällen bin ich bis heute einer ihrer Mentoren und wir besprechen auch heute noch Themen zur weiteren beruflichen Entwicklung. Zu sehen, dass die meisten sehr erfolgreich ihren Karriereweg bestreiten und nun selbst in der Lage sind, Personal zu führen und wichtige Entscheidungsträger in ihren jetzigen Unternehmungen sind, erfüllt mich ein wenig mit Stolz, hierzu beigetragen zu haben.

Sich für die persönliche und berufliche Entwicklung junger Menschen einzusetzen und zu engagieren, ist grundsätzlich sehr lohnenswert. Es ist einfach großartig zu sehen, wie junge Menschen die eigenen Erfahrungen und Tipps aufnehmen und für ihren eigenen Weg interpretieren und anpassen.

Einige Jahre lang bestand eine enge Zusammenarbeit der TMS Group mit der Akademie für Mode und Design (AMD) in München. Jedes Jahr traten wir als Sponsoren bei den Fashionshows der Abschlussjahrgänge auf und ermöglichten den Jahrgangsbesten jeweils sechswöchige Praktika in unseren Büros in China, Indien und Indonesien. Wir übernahmen die kompletten Kosten für den Aufenthalt und die Praktikanten erhielten auch noch ein kleines Gehalt für die Zeit ihrer Tätigkeit. Ich denke, man kann dieses Programm auch als Mentoring bezeichnen, teils mit eigenen erfahrenen Mitarbeitern, die tatsächlich als Mentoren dienten, teils trat die gesamte Organisation als Mentor auf. Den jungen Universitätsabsolventen boten wir die Chance, vom Designstudio an der AMD aus direkt Einblick in die kommerzielle Welt der Modeproduktion zu erhalten. Dort konnten sie erfahren, wie kreative Designs und Ideen in Markenprodukte großer Modemarken umgewandelt werden. Für die meisten dieser Absolventen waren die Besuche in den von uns genutzten Bekleidungsfabriken mit entsprechender kommerzieller Produktion die ersten Erfahrungen dieser Art. Bis dahin kannten sie nur kleine Musterwerkstätten oder Nähereien. Dies war eine Erfahrung, die ihnen in ihrer späteren Laufbahn zugutekommen würde. Diese führte sie häufig in die Designbüros von Modemarken, aber weit weg von der eigentlichen Produktion.

Für uns als Unternehmen hatte diese Zusammenarbeit ebenfalls sehr positive Auswirkungen. Einerseits erhielten unsere eigenen Mitarbeiter in den Designabteilungen nicht nur personelle Unterstützung durch die Praktikanten, sondern auch frischen Input bezüglich neuester Modetrends, neuer Materialien und allgemeinen Trends der jungen Generation. Andererseits bewarben sich einige der Praktikanten im Anschluss direkt bei uns. So konnten wir einige der besten Absolventen als Mitarbeiter gewinnen und von ihrem Talent profitieren.

Bei einem mehrtägigen Aufenthalt in Hongkong lernte ich eine der Praktikantinnen persönlich kennen. Design war zwar nicht mein Hauptgebiet, aber schon damals fiel mir auf, dass diese junge Absolventin klare Ziele hatte. Bei Kundengesprächen in Hongkong und in der Freizeit, bei der einen oder anderen Unternehmung zusammen mit meiner Familie, lernte ich sie etwas besser kennen. Interessant ist, dass sie dann tatsächlich wenig später bei uns in unserem indonesischen Büro im Design tätig wurde und diese Arbeit einige Jahre erfolgreich ausübte. In dieser Zeit hatten wir hin und wieder Kontakt, aber nicht wirklich eng zusammengearbeitet. Ihr Weg führte sie dann zu einer anderen Modeagentur in Indonesien und schließlich nach Myanmar, wo sie sich als junge Frau mit kreativen Geschäftsideen selbstständig machte. Die Welt ist klein und so kam es, dass ich Jahre später auf einer Geschäftsreise nach Myanmar kam, um die dortigen Produktionsmöglichkeiten für unsere Kunden und Produkte zu erkunden. Wir trafen uns also dort wieder und hatten Zeit, uns auszutauschen. Nur wenig später beendete der Militärputsch in Myanmar auch ihren Aufenthalt dort, denn geschäftlich kam alles zum Stillstand. Innerhalb der Luen Thai Gruppe, für die ich mittlerweile die CFO-Funktion innehatte, suchten wir zu diesem Zeitpunkt nach einer Verstärkung für das Team eines internen Start-ups. Die Rolle schien mir gut zu ihr zu passen, also brachte ich sie mit der Leitung dieses Geschäftsbereichs in Kontakt. Kurz darauf begann sie in einer neuen Position dort. Seitdem stehen wir immer wieder in Kontakt und tauschen uns aus. Für mich ist es interessant zu hören, welche Ideen sie ins Geschäft einbringt, und ich freue mich, ihr immer noch mit Rat und Tat zur Seite stehen zu können, wenn es um ihre berufliche Weiterentwicklung geht.

Ohne dass wir beide jemals darüber gesprochen haben, ob ich nun offiziell ihr Mentor sein könnte oder sein sollte, ist die Art und Weise, wie wir über die Jahre kommuniziert haben und wie ich sie auf ihrem beruflichen Weg begleiten konnte, das, was ich unter einem Mentoring verstehe.

Vor ein paar Jahren stand während einer Management-Tagung ebenfalls das Thema Mentoring auf der Agenda. Mein damaliger Chef, Raymond Tan, CEO von Luen Thai Holdings Ltd., überraschte uns, indem er uns bat, uns alle einen Mentor zu suchen. Nun waren die Teilnehmer allesamt bereits erfahrene Führungskräfte und die meisten nicht mehr die jüngsten. Der eine oder andere schaute daher etwas verdutzt. Den wirklich interessanten Aspekt brachte Raymond erst dann zur Diskussion. Er wollte nämlich nicht, dass wir uns gemäß der üblichen Definition eines Mentors einen erfahreneren und dadurch zumeist wohl auch älteren Mentor suchten, sondern forderte uns ganz bewusst auf, einen jungen Mentor zu finden. Die Idee dazu war ihm in Gesprächen mit seinem Sohn gekommen. Dabei hatte er festgestellt, dass seine eigene Meinung, seine Vorgehensweise und die daraus resultierenden Pläne oft nur ein Abbild ähnlicher Vorgehensweisen aus der Vergangenheit waren. Dadurch verpasste er jedoch die Chance, sich auf neue Gegebenheiten und Entwicklungen einzulassen. Der ersten Überraschung folgte bei den anderen Teilnehmern der Tagung schnell ein Kopfnicken, denn was er sagte, war schlichtweg logisch. Wir alle hatten bereits jede Menge Erfahrung, aber waren wir auch in der Lage, unsere Situation und Zukunft aus der Perspektive eines viel jüngeren Mitmenschen und Mentors zu sehen? Würden wir nicht Chancen verpassen, von denen wir gar nicht merkten, dass sie existierten, wenn wir es nicht zumindest versuchten? Könnten uns jüngere Mentoren vielleicht auch neue Vorhänge öffnen und uns die Welt aus einem anderen Blickwinkel betrachten lassen?

Mir gefiel der Gedanke und glücklicherweise habe ich zwei erwachsene Töchter, die zu dem Zeitpunkt bereits ihr Studium absolviert hatten bzw. gerade beendeten. Was lag also näher, als diese beiden als Mentorinnen zu betrachten? Ich habe mit beiden darüber gesprochen und wir kamen zu dem Schluss, dass wir keine festen Formen und verabredeten Termine einführen, sondern viele Fragen gemeinsam diskutieren wollen. Auch ohne dies formal zu halten, oder vielleicht gerade deswegen, funktionierte dies für mich sehr gut. Ich hörte einfach viel genauer hin, wenn meine Töchter zu meinen Projekten und Aufgaben ihre Meinung sagten oder Vorschläge dazu machten. Vor Jahren hätte ich das bestimmt zum Teil noch abgetan, denn wer von uns hatte denn die jahrelange Erfahrung und wer konnte dann von wem lernen? So aber nahm ich diese Ansichten auf und konnte meine eigene Meinung auf den Prüfstand stellen. Wieder einmal hatte ich das Glück, zur richtigen Zeit Mentoren an meiner Seite zu haben.

Einer meiner Kollegen aus dem Führungskreis, mit dem ich bis heute befreundet bin, überraschte mich einige Tage später während eines Telefonats. Er meinte, ich sei der ideale Mentor für ihn. Schließlich war/ist er ein paar Jahre älter als ich. Im ersten Moment dachte ich, er wolle sich einen Spaß mit mir erlauben. Doch bei etwas genauerem Nachdenken fiel mir auf, wie oft wir schon über notwendige Entscheidungen, die er treffen musste, gesprochen hatten. Nicht, um von mir zu hören, was er am besten machen sollte, sondern um gemeinsam auszuloten, was für die Firma, aber eben auch für ihn persönlich der richtige Weg sei. Unabhängig von den jeweiligen Aufgabenstellungen hatten wir über Jahre einen intensiven Austausch über seine Rolle im Unternehmen. Aufgrund seiner eigenen langjährigen Erfahrung in Führungstätigkeiten war dies kein Mentoring, um ihm in bei seinem Karriereweg zur Seite zu stehen, es war vielmehr ein Mentoring zum Thema Krisenmanagement, denn davon hatten wir so einige zu bewältigen. Ohne Zweifel war dies auch ein Mentoring für mich selbst, denn durch Fragen und Kommentare seinerseits habe ich in unseren Gesprächen viel über mich selbst gelernt. Ich erinnere mich noch gut daran, wie er zu mir sagte, dass ich mir wohl gar nicht bewusst sei, dass unsere Mitarbeiter großen Respekt vor mir hätten. Ich war immer der Meinung, dass ich gerade zu Mitarbeitern sehr freundlich war und mich nicht als Chef aufspielte. Er begründete seine Beobachtung damit, dass ich in vielen Situationen immer wieder zeigen würde, dass ich zwar freundlich, aber bestimmt Entscheidungen treffen und dann umsetzen würde. „You simply have the edge and you never lose it", war seine kurze Zusammenfassung.

Sich dessen selbst bewusst zu sein, ist wichtig, um im Umgang mit Kollegen und Mitarbeitern den eigenen Einfluss richtig einschätzen zu können.

Auch heute noch, obwohl wir beide nicht mehr in unseren früheren operativen Führungsrollen tätig sind, sprechen wir häufig miteinander und schmunzeln immer wieder einmal über mich, den jungen Mentor dieses sehr erfahrenen Kollegen, von dem ich selbst so viel gelernt habe.

Nachdem ich beschlossen hatte, vom operativen Geschäft und meiner Position als Group CFO von Luen Thai Holdings Ltd. zurückzutreten und mit meiner Frau wieder nach Deutschland zu ziehen, fand ich Gefallen daran, mit einer Agentur in Hongkong zusammenzuarbeiten. Sie machte mich mit Personalmarketing vertraut und stand mir mit Input, Rat und Tat zur Seite, um auf dem bekannten Netzwerk LinkedIn eigene Beiträge und Kommentare zu verschiedenen Themen zu veröffentlichen. Etwas, das ich in der Vergangenheit nur sehr selten genutzt hatte, durch die Zusammenarbeit mit dieser Agentur aber zu schätzen lernte. Eine junge Dame war über ein Jahr lang meine Kontaktperson. In wöchentlichen Video-Calls besprachen wir unterschiedlichste Themen, die dann unter Umständen zu kleinen Posts wurden. Ich hatte erneut einen jungen Mentor gefunden, denn sie brachte für mich völlig neue Kenntnisse mit, die nicht nur lehrreich waren, sondern auch meine Sicht auf den Nutzen eines sozialen, arbeitsbezogenen digitalen Netzwerks entscheidend änderten. Die Diskussionen mit ihr waren immer konstruktiv und häufig auch mit Humor von beiden Seiten gespickt, wenn ich mal wieder meine „Hausaufgaben" nicht gemacht, also einen Artikel nicht gelesen hatte. Solche Begegnungen sind wichtig für uns alle, denn sie halten die Neugier auf etwas Neues, bis dahin Unbekanntes aufrecht. Wieder einmal konnte ich erleben, wie sich ein weiterer Vorhang öffnete und ich mehr von der Welt der Netzwerke kennenlernte. Dadurch sind viele interessante Kontakte und Gespräche für mich entstanden und nicht zuletzt auch der Anstoß, dieses Buch zu schreiben.

In den letzten Monaten hatte ich die Gelegenheit, im Beirat eines jungen Start-up-Unternehmens mitzuwirken. Die Gründerin ist eine hochmotivierte junge Dame mit einer Vision: Sie will der Überproduktion von Bekleidung und der damit verbundenen Belastung der Umwelt ein Ende setzen.

Das Unternehmen mit Hauptsitz in Kopenhagen, Dänemark, hat ein digitales Druckverfahren für Stoffe weiterentwickelt und ist in der Lage, den Druckvorgang ohne Wasserverbrauch und mit geringen, fast nicht existenten Minimummengen durchzuführen. Alle Daten aus dem Prozess sind verfügbar und es gibt einen direkten Übergang zu einem vollautomatisierten Zuschneiden der Stoffe, bevor die zugeschnittenen Teile in die Nähereien bzw. Fabriken zur Weiterverarbeitung gehen. Während die Minifabrik in Kopenhagen hauptsächlich der Weiterentwicklung dieser Technologien dient, ist das Ziel, dieses Setup für die Arbeitsschritte der Stofffärbung bzw. -bedruckung und des Zuschneidens in Textil- und Bekleidungsproduktionen zu implementieren. Auf diese Weise wäre es möglich, eine äußerst flexible und umweltschonende kommerzielle Produktion für die Modeindustrie zu ermöglichen. Man sollte annehmen, dass dies im Interesse aller Modemarken sein sollte, sodass eine große Nachfrage nach dieser Technologie bestehen müsste. Dabei darf man aber nicht vergessen, wie schwer es ist, große Unternehmen und Marken auf neue Pfade zu führen. In den vielen Jahren meiner Zusammenarbeit mit internationalen Modemarken kam es oft vor, dass der Anspruch und die nach außen hin publizierten Ziele umweltfreundlicher und langfristig notwendiger Produktionsweisen schnell fallengelassen wurden, wenn sich ein Produkt mit herkömmlichen Produktionsverfahren günstiger herstellen ließ.

Meine Zeit im Board des Unternehmens und meine Zusammenarbeit mit der Gründerin waren interessant und lehrreich, ich denke, für beide Seiten. Erneut sind hier zeitweise unterschiedliche Welten bzw. Ansichten aufeinandergestoßen. Diese waren nicht so sehr kultureller Art, sondern betrafen die

Ansichten darüber, wie ein Unternehmen zu Erfolg geführt werden kann oder muss.

Auf der einen Seite stand die Vision als oberste Priorität, auf meiner Seite war es die Sicht auf das, was finanziell machbar und für die Erhaltung der Unternehmung notwendig ist. Dabei gibt es in dieser Sache kein einfaches Richtig oder Falsch. Der Austausch zwischen uns hat uns beiden aber definitiv zu neuen Erkenntnissen verholfen und uns dabei unterstützt, unsere weiteren Schritte zu planen. Auch dies würde ich als eine Form des gegenseitigen Mentorings bezeichnen.

Was ich mit all diesen Beispielen sagen möchte, ist, dass ein Mentor aus meiner Sicht viel mehr ist als ein Lehrer oder Sponsor. Ein Mentor ist ein Wegbegleiter für eine gewisse Zeit, die kurz oder auch sehr lang sein kann. Sein Einfluss ist aber eben nicht begrenzt auf die Weitergabe von Erfahrungen fachlicher Art oder in Führungsfragen, sondern entwickelt sich durch intensives Austauschen, gegenseitiges Zuhören und das gegenseitige Öffnen für neue, andere Gedanken. Die Neugierde auf das Wissen anderer wirkt wie guter Dünger für unsere Pflanzen im Garten, sodass diese gut gedeihen.

Ich hoffe sehr, dass ich das auch in Zukunft vielen Mentees weitergeben kann, und bin neugierig darauf, ob sich mir die Gelegenheit bieten wird, auch selbst wieder einen neuen Mentor kennenzulernen.

KAPITEL 13

Was macht Erfolg aus?

Erfolgreich sein, das ist der Wunsch fast aller Menschen. Was bedeutet Erfolg aber für jeden Einzelnen von uns und wie verändert sich die Definition von Erfolg im Laufe unseres Lebens und unserer Karriere?

Von Kindheit an sind wir es gewohnt, bewertet zu werden. In der Schule gibt es Noten, die ziemlich deutlich zeigen, wer mit seinen schulischen Leistungen Erfolg hat. In der beruflichen Ausbildung oder im Studium geht es genauso weiter: Nur wer die entsprechenden Prüfungen besteht und das mit entsprechend guten Noten, darf sich erfolgreich nennen.

Im Berufsleben angekommen gibt es natürlich auch einige ganz konkrete Ziele, deren Erreichung allgemein als Erfolg bezeichnet wird. Hinzu kommen jedoch auch viele andere Faktoren, wie zum Beispiel die Zusammenarbeit mit Kollegen, Kommunikationsfähigkeiten oder die Frage nach der nächsten Gehaltserhöhung oder einem Bonus. Gerade Letzteres wird oft als Maßstab für Erfolg gewertet.

Bleibt man finanziell stehen oder geht bei einer Bonusrunde leer aus, dann hat man keinen Erfolg. Gleiches gilt, wenn man bei Beförderungen übergangen wird.

Betrachtet man dies genauer, so stellt man fest, dass es sich dabei in erster Linie um Definitionen von Erfolg handelt, die uns von der Gesellschaft, also von außen, zugetragen werden. In dieser Hinsicht spricht man auch von extrinsischer Motivation, also dem Bestreben nach Belohnung, Anerkennung oder gar dem Vermeiden von Bestrafung bei Nichterreichung der Ziele.

Dass wir diese gerade in jungen Jahren annehmen und übernehmen, liegt auf der Hand. Wenn man sich jedoch auf diese Definition beschränkt, bewegt man sich auf Dauer wie in einem Hamsterrad. Auf die erste „erfolgreiche" monetäre Belohnung folgt sofort die neue Zielsetzung, dies bei nächster Gelegenheit zu übertreffen. Passiert dies dann einmal nicht, dann stellt sich umgehend das Gefühl des Misserfolgs ein. Hat man eine Beförderung hinter sich und ist in der Karriereleiter weit nach oben geklettert, wird die Luft wie in den hohen Bergen immer dünner. Eine nächste Beförderung steht womöglich erst nach langer Zeit oder auch gar nicht mehr an. Ist man dann plötzlich erfolglos?

Es wird sicher deutlich, worauf ich hinweisen will. Auch bei mir selbst konnte ich beobachten, wie ich zunächst den allgemeinen Definitionen von Erfolg nachgeeilt bin und meine Motivation durchaus stark aus extrinsischen Motiven kam. Da sich das gerade in den frühen Jahren durch kleine Schritte immer wieder realisieren lässt und somit immer wieder Erfolgserlebnisse auftreten, funktioniert das auch zunächst ganz gut.

Ich kann mich gut daran erinnern, dass bereits am Studienende das erste Einstellungsgehalt unter uns Studierenden ein Thema war und ein hohes Gehalt als Zeichen einer erfolgreichen Bewerbung angesehen wurde.

Ein nächster Meilenstein auf der „Erfolgsleiter" war dann die erste Gehaltserhöhung oder Bonuszahlung, wenngleich diese dann schon nicht mehr so offen kommuniziert wurde. In diesen Anfangsjahren war die finanzielle Entlohnung allgemein der Maßstab für Erfolg.

Doch viel wichtiger als die rein monetäre Belohnung oder die Außendarstellung durch Titel ist für mich die Frage: Was erfüllt mich mit Freude und Begeisterung, wenn ich an meine Arbeit und Pläne denke? Ich kann mir beispielsweise nichts Schlimmeres vorstellen, als einen superbezahlten Job zu haben, den ich nicht machen möchte oder der mir grundsätzlich keinen Spaß macht.

Ich hatte beschrieben, dass es diese Phase in meiner beruflichen Laufbahn einmal kurzzeitig gab, als ich nach vier Jahren in Hongkong zurück in Deutschland eine gut dotierte Stelle als Geschäftsführer innehatte, dann aber aufgrund der eher politischen Probleme der Gesellschafter langsam spürte, wie meine Motivation immer weniger wurde. Neben der extrinsischen Motivation ist die intrinsische mindestens ebenso wichtig und gewinnt aus meiner Erfahrung im Laufe einer Berufskarriere mehr und mehr an Bedeutung. Es gibt den Punkt, an dem eine zwar gern gesehene Gehaltserhöhung eben nicht mehr das Maß aller Dinge ist, ein Bonus mal mehr oder weniger hoch ausfällt, dies aber die Zufriedenheit, mit der man seine Arbeit ausübt und Tag für Tag angeht, nicht mehr bestimmt.

Als unsere Töchter ihre Schulausbildung beendet hatten und es um die Frage ging, welchen Beruf sie ergreifen wollten, gab ich ihnen daher den Rat, sich nicht nach den bestbezahlten oder angesehensten Berufen zu orientieren, sondern danach, wo sie ihr größtes Interesse und ihre Leidenschaft sehen. In einem Beruf, den man aus Überzeugung und daher gerne ausübt, wird man bei entsprechendem Einsatz auf Dauer Erfolg haben. Ein Beruf, der zwar gut dotiert ist, den man aber tagtäglich nur mit Mühe und ohne Freude angeht, ist hingegen auf Dauer eine Belastung und kann oder darf nicht das gewünschte Ziel sein.

Heute macht es mich stolz, zu sehen, dass beide in ganz unterschiedlichen Berufen ihren Weg gehen, auch wenn jeder Tag seine eigenen Herausforderungen bringt. Ihre Erfolge bestehen natürlich zum Teil aus den monetären Fortschritten wie Gehaltserhöhungen durch Beförderungen oder die eine oder andere Bonuszahlung, aber auch sehr oft aus positivem Feedback ihrer Vorgesetzten und dem eigenen Gefühl, eine gute Leistung erbracht zu haben.

Für mich selbst hat sich die Einschätzung dessen, was meinen Erfolg ausmacht, im Lauf der Jahre ebenfalls verändert. Nicht, dass ich Zielvereinbarungen und profitable Geschäftsentwicklungen plötzlich nicht mehr als wichtig ansehen würde oder das Erreichen derselben nicht mehr als Erfolg. Ich habe aber andere Faktoren und Entwicklungen zu den rein monetären und traditionellen Erfolgsfaktoren hinzugefügt.

Je höher man in der Unternehmenshierarchie klettert und je mehr Verantwortung man übertragen bekommt, desto mehr verändert sich die eigene tägliche Arbeit. Es geht dann immer weniger darum, wie und ob man selbst eine bestimmte Teilaufgabe erledigt, sondern mehr darum, wie man seine Teams einsetzt und lenkt, ohne ihnen im Detail vorzuschreiben, wie sie ihre jeweiligen Aufgaben lösen sollten.

Es ist ein bisschen vergleichbar mit dem Werdegang eines Fußballers, der in jungen Jahren an seinen Einsätzen, ggf. an seinen Toren und spielentscheidenden Aktionen gemessen wird und dann als Stammspieler diese Rolle ausübt, bevor die aktive Laufbahn vielleicht in die eines Trainers übergeht. Von dort aus geht es unter Umständen weiter in Richtung Sportdirektor oder Vereinsführung, denen viel mehr die langfristige Strategie und Ausrichtung des gesamten Vereins mit all seinen dazugehörigen Abteilungen und Aufgaben obliegt.

Nun musste ich mich, je weiter ich im Management-Team an die Spitze kam, mit anderen Fragen zu meinem persönlichen Erfolg auseinandersetzen als zu Beginn meine Karriere.

Konnte ich durch meine Arbeit und durch meine Art der Personalführung meine Teams motivieren und zu der jeweils bestmöglichen Leistung bewegen?

Konnte ich bei meinen Mitarbeitern korrekt einschätzen, welche zusätzliche Verantwortung ich ihnen übertragen durfte, ohne sie zu überfordern?

Gelang es mir, die besten Talente in mein Team zu holen oder weiterzuentwickeln und ihnen den Weg aufzuzeigen, den sie im Unternehmen gehen konnten?

Bin ich in Krisensituationen in der Lage gewesen, meinen Teams den Glauben und das notwendige Vertrauen zu vermitteln, dass wir diese Krise gemeinsam durchstehen werden?

Konnte ich diese Fragen mit Ja beantworten, dann empfand ich das als Erfolg. Genau umgekehrt spürte ich den Misserfolg, wenn zum Beispiel ein talentierter Mitarbeiter trotz meiner Bemühungen nicht im Unternehmen blieb, sondern sich für den Weg in einem anderen Umfeld entschied.

Oft empfindet man Erfolg auch nur für eine kurze Zeit, zum Beispiel, wenn in einem Geschäftsjahr ein ganz besonders gutes Ergebnis erwirtschaftet wurde. Dieser Erfolg ist jedoch schnell vergessen, wenn es im darauffolgenden Jahr einmal nicht so gut läuft.

Welche Erfolge bleiben also länger erhalten? Bis heute empfinde ich es als großen Erfolg, dass ich in der Lage war, eine Reihe von Mitarbeitern viele Jahre lang als loyale Schlüsselpersonen in ihren jeweiligen Verantwortungen behalten zu können. Mit vielen dieser Teamkollegen konnte ich zudem Freundschaften entwickeln, die bis heute und hoffentlich noch für eine lange Zeit weiter bestehen, auch wenn wir nicht mehr im gleichen Unternehmen tätig sind. Ich glaube, dies hat viel mit dem gegenseitigen Respekt zu tun, den man in den Jahren der Zusammenarbeit aufgebaut hat. Es ist die Wertschätzung des anderen, die unabhängig von Titel und Funktion die Grundlage für eine enge Zusammenarbeit und erst recht für ein freundschaftliches Verhältnis bildet. Vieles von dem, was ich beruflich erreicht habe, wäre ohne die Unterstützung und Leistung meiner Mitarbeiter unmöglich gewesen und somit sind sie alle ein wesentlicher Bestandteil meiner persönlichen Erfolge. Es ist wohl selbstredend, dass diese Haltung auch bedingt, dass man Erfolge, die durch die konkrete Arbeit eines Teams oder auch eines einzelnen Mitarbeiters ermöglicht wurden, diesen zuschreibt und sich nicht herausnimmt, so einen Erfolg als den eigenen zu verkaufen.

Etwas anders ist die Situation bei Misserfolgen. Die Misserfolge meines Teams nehme ich auf die eigene Kappe, denn es lag mir schon immer fern, in Zeiten eines Misserfolgs mit dem Finger auf andere zu zeigen oder die Verantwortung auf andere abzuwälzen. Hat einmal einer meiner Mitarbeiter einen Fehler begangen, so stand ich für den Fehler gerade. Wenn man dann sieht, dass der Mitarbeiter aus dem Fehler gelernt hat und ihn nicht wiederholen wird, ist das erneut ein Erfolg. In diesem Fall ein Erfolg für beide.

Muss Erfolg immer teuer erkauft werden und bedeutet erfolgreich sein, diesem Ziel alles und besonders auch sein Privatleben unterzuordnen?

Wenn ich über diese Frage nachdenke und an meine eigene Erfahrung zurückdenke, dann muss ich diese Frage zumindest für viele Jahre meines Berufslebens mit Ja beantworten. Das galt besonders in den Jahren, in denen ich Erfolg noch als Erreichen monetärer Ziele definierte, um meiner Familie möglichst schnell eine gewisse finanzielle Sicherheit zu gewährleisten. Ich verließ damals in der Regel frühmorgens das Haus, während meine Kinder noch schliefen, und kehrte spät am Abend zurück, wenn sie bereits im Bett waren. In den späteren Jahren kam in Hongkong hinzu, dass ich viel auf Reisen war, um unsere Büros und später auch die Fabriken vor Ort in Südostasien sowie Kunden in Europa und den USA zu besuchen. Zwar versuchte ich, meine Geschäftsreisen nach Möglichkeit auf Wochentage zu legen, aber das eine oder andere Wochenende musste dann doch für eine Reise herhalten, sodass die Zeit, die ich mit meiner Familie verbringen konnte, durchaus limitiert war. Im Laufe der Jahre gelang es mir jedoch immer besser, die Zeit für und mit meiner Familie einzuteilen. In diesem Zusammenhang ist der heute so oft gebrauchte Begriff der „Quality Time" berechtigt und wichtig.

Das bringt mich auch noch darauf, kurz zum Thema Work-Life-Balance Stellung zu nehmen. Die Diskussion darüber, was eine Work-Life-Balance ist und wie man damit umgeht, ist keine einfache und wird gerade auch von den jungen und älteren Generationen sehr unterschiedlich bewertet. Auch ich vertrat zunächst die Meinung, dass man erst einmal seine Leistung erbracht haben muss, bevor man über den Ausgleich für die Arbeit sprechen kann. Mir ist allerdings klar geworden, dass man damit der Diskussion und der Sache nicht gerecht wird. Meiner Meinung nach geht es nicht darum, seine Lebenszeit in Arbeits- und Freizeit aufzuteilen und diese nach Möglichkeit im gleichen Maß zu gewichten oder auszurichten. Es geht auch nicht darum, ob man Freizeit wichtiger als Arbeitszeit bewertet oder umgekehrt. Meine Erfahrung hat mich zu einer anderen Definition von „Work-Life-Balance" gebracht. Findet man eine Tätigkeit, die einen begeistert und die man jeden Tag mit Leidenschaft angeht und ist dann noch umgeben von Familie, Freunden und Kollegen, die einen unterstützen und einem Halt geben, dann stellt sich automatisch ein Gefühl der Balance zwischen Arbeits- und Freizeit ein. Mir persönlich hat diese Einstellung sehr geholfen.

Wie verändert sich die Einstellung zum Erfolg, wenn man plötzlich nicht mehr an der Spitze eines Unternehmens steht? Vielfach wurde ich bereits gefragt, was ich denn nach meinem Austritt aus der operativen Verantwortung im Top-Management eines großen Konzerns so machen würde. Kann man denn so einfach eine solche Aufgabe beenden, ohne zu wissen, was danach kommt?

Aus heutiger Sicht, etwas mehr als ein Jahr nach meinem offiziell letzten Arbeitstag im Unternehmen, kann ich die Frage klar mit Ja beantworten. Man kann das sehr wohl, aber man wird erneut erkennen, dass Erfolg und Bestätigung in vielfacher Form erfolgen kann.

Für mich persönlich waren es zunächst die kleinen handwerklichen Dinge an unserem Haus, die ich selbst erledigen konnte und die mir neue Erfolgserlebnisse bescherten. Viele Jahre hatte ich nur wenig Zeit, mich selbst handwerklich zu betätigen, sodass in der Regel professionelle Handwerker gerufen werden mussten, wenn etwas repariert oder aufgebaut werden sollte. Die Ausnahme bildeten die vielen IKEA-Möbel, die ich im Laufe der Jahre immer wieder einmal aufbauen durfte.

Mit der Hilfe und etwas Anleitung eines guten alten Freundes aus meiner Heimatstadt gelang es mir nicht nur, die relativ einfachen Malerarbeiten im Keller zu erledigen, sondern auch, selbst die Bodenfliesen zu verlegen. Ich möchte darauf hinweisen, dass sich das Ergebnis durchaus sehen lassen kann.

Es war eine Wohltat, sich wieder einmal die Zeit zu nehmen, in Ruhe ein Buch zu lesen oder ein Hörbuch zu hören und das eine oder andere neue Stück auf der Gitarre einzuüben, ohne den Druck, den nächsten Tag, das nächste Meeting oder die nächste Geschäftsreise vorbereiten zu müssen. Auch das ist etwas, was ich plötzlich als Erfolg wahrgenommen habe.

Natürlich hat mich auch mein Engagement im Board eines Start-ups interessiert und gereizt, aber ich habe den Erfolg dort nicht in den Geschäftszahlen des Unternehmens gesucht und gefunden, sondern in der Möglichkeit, Erfahrung zu teilen und weiterzugeben.

Meine Töchter haben mir für die Zeit nach meinem Ausscheiden aus dem operativen Geschäft ein Einmachglas voller kleiner Notizzettel geschenkt. Sie haben mir gesagt, dass ich immer dann, wenn ich das Gefühl habe, ich langweile mich oder weiß nicht, was ich tun soll oder kann, eine Notiz herausnehmen soll. Darauf haben sie mir Ideen und

Anregungen geschrieben, die mich inspirieren sollen, wenn ich denke, dass ich wieder aktiver werden muss. Mein Erfolg hierbei ist, das ich bislang erst eine Notiz herausgenommen habe. Sie hat mich dazu angeregt, mir ein neues Buch zu kaufen und darin abzutauchen. Das hat unglaublich Spaß gemacht und die Tatsache, dass da noch viele weitere gute Ideen auf mich warten, ist sehr beruhigend und bestätigt mich darin, dass mein Plan, eben keinen konkreten Zukunftsplan zu haben, für mich genau der richtige Weg ist.

Ist das nun ein Rezept für jeden meiner Leser? Sicher nicht, es gibt da aus meiner Sicht kein Allgemeinrezept, aber ich kann jedem nur empfehlen, für sich selbst zu erkennen, welche Dinge einen erfüllen und dann auch die kleinen Erfolge zu schätzen und für sich selbst zu feiern. Sie werden sehen, dass dies zu einer positiven Lebenseinstellung führt, die es ermöglicht, berufliche wie auch private Herausforderungen besser zu meistern. Probieren Sie es gerne aus.

KAPITEL 14

Geben und Nehmen

Geben und Nehmen gehören im Leben eigentlich immer zusammen. Ein Miteinander ist nur möglich, wenn dabei ein gewisses Gleichgewicht erreicht oder zumindest angestrebt wird.

Als Expat in einem fremden Land zu leben, gibt einem sehr viel. Da sind Erfahrungen, die man ohne einen solchen Aufenthalt nie gemacht hätte, da sind die vielen Begegnungen mit Menschen anderer Kultur und Herkunft, die den eigenen Horizont erweitern. Das Nehmen drückt sich manchmal in der vergleichsweise privilegierten Stellung und den kleinen Extras im Arbeitsvertrag aus. Unternehmen, die in vielen verschiedenen Ländern der Welt tätig sind, nutzen die Vorteile der lokalen Strukturen, Arbeitskräfte und des häufig niedrigeren Lohnniveaus dieser Länder.

Persönlich hat mir der lange Aufenthalt und das Leben am anderen Ende der Welt sehr viel ermöglicht.

Beruflich kann ich auf eine erfolgreiche Karriere zurückblicken. Sowohl im Konzern als auch im eher mittelständischen, eigentümergeführten Unternehmen und dann wieder im Konzern war es mir möglich, Positionen auf der Entscheidungsebene wahrzunehmen. Im Vergleich zu einem typischen Karriereverlauf in Deutschland bedeutet dies, dass ich schon in jüngeren Jahren in solchen Positionen eingesetzt wurde und somit auch früh zum Entscheidungsträger wurde. Ich empfand es als Privileg, schon in jungen Jahren weitreichende Entscheidungen allein treffen und umsetzen zu können. Dadurch habe ich schnell gelernt, angemessen zu reagieren, wenn sich eine Entscheidung als falsch erwiesen hat. Dann muss genauso schnell wieder mit einer Neueinschätzung und ggf. einer Korrektur reagiert werden.

Mit den Positionen auf Entscheidungsebene geht ein gewisser Respekt einher, der einem entgegengebracht wird. Das ist durchaus angenehm, dennoch sollte man auf dem Boden bleiben und sich nicht überschätzen. An anderer Stelle sprach ich bereits darüber, dass alle Augen auf dich gerichtet sind, wenn du in einer Führungsposition tätig bist – und das gilt umso mehr, wenn du als Ausländer in einer solchen Position arbeitest. Die Mitarbeiter haben sehr wohl ein Auge darauf, wie man eine solche Position ausübt und ein abgehobenes, arrogantes Verhalten generiert keine loyalen und motivierten Mitarbeiter.

Im privaten Bereich hatte ich die Gelegenheit, Länder und Kulturen kennenzulernen, die ich bis dahin nur aus Büchern oder TV-Beiträgen kannte. Sich vor Ort ein eigenes Bild zu machen, ganz persönliche Erfahrungen mitzunehmen und all diese verschiedenen Bühnen zu betreten, ist etwas, dass ich als wahre Bereicherung empfunden habe.

Die Gastfreundschaft, die meine Familie und ich in all den Ländern, insbesondere auch außerhalb der wohlbekannten Hotelketten, erfahren haben, lässt die Weltgemeinschaft vor den eigenen Augen trotz all der Unterschiede enger zusammenrücken. Vor diesem Hintergrund ist es schier unbegreiflich, wie politische Konflikte noch so häufig in kriegerische Konflikte ausarten. Dieses Thema ist jedoch nichts, worüber ich in diesem Buch berichten möchte.

Was gibt man also als Person und als Unternehmen zurück? Wie kann man die Gemeinschaft, die einem so viel persönlich und geschäftlich gibt, unterstützen und damit ein wenig mehr Teil der Gemeinschaft werden?

Ich hatte das Glück, dass alle Unternehmen, in denen ich während meiner Zeit in Asien tätig war, großen Wert darauf legten, Wege zu finden, wie sie der lokalen Gemeinschaft etwas zurückgeben können. Ich erinnere mich gerne an einige dieser Initiativen.

Im Kindergarten fängt es an

In Indonesien unterhielten wir bei der TMS Group ein recht großes Büro in Bogor, etwa 1,5 Autostunden von Jakarta entfernt. Viele unserer Mitarbeiter waren junge Mütter und Väter, deren Kinder nur von anderen Familienmitgliedern versorgt werden konnten, wenn die Eltern zur Arbeit gingen. Ein Problem, das alle berufstätigen Eltern kennen und falls eben keine Angehörigen in der Nähe wohnen, ist man auf Kindertagesstätten und ähnliche Einrichtungen angewiesen. Diese gab es in Bogor und Umgebung damals jedoch nicht. Kurzerhand mieteten wir ein Haus mit großem Garten in der Nähe unseres Büros an, stellten mehrere Erzieher und Erzieherinnen an und eröffneten den TMS-Kindergarten in Bogor für unsere Mitarbeiter bzw. deren Kinder. Schon bald füllte sich das Haus täglich, und der Kindergarten wurde über einen langen Zeitraum hinweg gut genutzt. Wir hatten nicht zuletzt dadurch sehr motivierte und loyale Mitarbeiter in unseren Reihen. Wenn es meine Zeit erlaubte, besuchte ich den Kindergarten während meiner Reisen nach Bogor. Es erfüllte mich immer mit großer Freude, die strahlenden Kinderaugen zu sehen und mehr noch, das Lächeln der Eltern, wenn sie vor der Arbeit vorbeikamen, um ihre Kinder für den Tag dort abzugeben oder sie am Abend wieder abholten.

Schule muss sein

Ein anderes Beispiel für ein Zurückgeben an die lokale Gemeinschaft kam infolge einer Naturkatastrophe zustande. Als im Jahr 2004 der Tsunami vor der Küste Indonesiens nicht nur dort, sondern auch in weiten Teilen von Thailand, Sri Lanka und Indien viele Menschenleben kostete und immense

Schäden hinterließ, versuchten wir zu helfen, wo und wie auch immer möglich. In Indonesien organisierten wir gemeinsam mit unseren Mitarbeitern und Partnern einiger Produktionsbetriebe Kleiderlieferungen in die am stärksten betroffenen Regionen, um den Überlebenden dort zumindest auf diese Weise Hilfe zu leisten. Schließlich war die Kleiderfertigung unser Geschäft.

Die gesamte Küstenregion der bengalischen Bucht in Indien wurde schwer getroffen. Zum Glück konnte uns unser Büro in Chennai schnell berichten, dass keine unserer Mitarbeiter oder nahe Angehörige ums Leben gekommen waren. Doch die Zerstörung in der Region machte alle sehr betroffen. Weltweit wurden damals große Spendensummen zusammengetragen, um die Hilfsorganisationen bei der direkten Hilfe und zumindest dem Beginn des Wiederaufbaus, wo möglich, zu unterstützen. Auch wir hatten intern zu Spenden unserer Mitarbeiter aufgerufen und erklärt, dass wir als Unternehmen diese Spendensumme verdoppeln würden. Ich sprach mit unserem lokalen Management-Team in Chennai darüber, wie wir unsere finanzielle Unterstützung am besten einsetzen könnten. Schließlich waren wir durch unser Büro und die Mitarbeiter vor Ort vertreten. Anstatt das Geld an eine der großen Hilfsorganisationen zu überweisen, sollte es somit doch möglich sein, ganz konkret vor Ort damit etwas zu bewirken. Unser Buchhalter Kumaresan hatte dann eine Idee. Nicht weit von Chennai entfernt gab es eine von katholischen Nonnen gegründete und geleitete Schule in einem kleinen Fischerort namens Paramankeni Kuppam. Die Schule diente in erster Linie den Kindern der lokalen Fischer aus den umliegenden Dörfern.

Sämtliche Gebäude dieser kleinen Schule wurden durch den Tsunami zerstört, wodurch die Bildung der lokalen Kinder auf lange Zeit eingeschränkt war, wenn nicht gar unmöglich.

Aus dieser Idee entstand dann nicht nur eine einmalige finanzielle Hilfe durch unsere Mitarbeiterspenden und unseren

Firmenanteil, sondern wir entwickelten auch einen Plan, wie wir die Schule aus dem Spendenbetrag längerfristig unterstützen könnten. Da wir uns mit Bekleidung am besten auskennen, entschieden wir uns, in diesem Fall Bekleidung als Hilfe einzusetzen. Somit nutzten wir unser Wissen und unsere Kontakte zu Lieferanten von Stoffen und zur Produktion von Bekleidung, um jährlich die Fertigung und Lieferung von Schuluniformen an die „School of Sacred Hearts" zu organisieren. Die Schule schaffte wirklich den Wiederaufbau und die Schüler erhielten regelmäßig ihre neuen Uniformen. Wenn es meine Zeit erlaubte, besuchte ich die Schule während meiner Aufenthalte in Chennai. Inmitten all der jungen Schüler und Schülerinnen dort war ich mit meinen blonden Haaren und weißer Hautfarbe ein krasser Außenseiter. Die Herzlichkeit, mit der ich empfangen wurde, ließ mich jedoch wie ein Teil der Gemeinschaft fühlen. An diese leider zu seltenen Besuche denke ich sehr gerne zurück. Wie mir Kumaresan kürzlich versicherte, ist die Schule immer noch dort und hat inzwischen auch eine Bibliothek und ein Computer-Lernzentrum für die dortige Bevölkerung eingerichtet.

Während meiner Zeit bei der TMS Group konnte ich zwei Schülerinnen der Sacred Heart School auch nach ihrem Schulabschluss bei ihrer weiteren Schullaufbahn begleiten, indem ich die Gebühren für die Highschool übernahm. Für mich war es nur ein kleiner Obolus, für die beiden jedoch ein großer Beitrag für ihre schulische Qualifikation.

Wieder spielt der Sport eine wichtige Rolle

Fußball ist erneut das Thema, das so viele Menschen fasziniert und verbindet. Während meiner Zeit als CFO von Luen Thai Holdings Ltd. lernte ich meinen CEO nicht nur in der geschäftlichen Zusammenarbeit sehr gut kennen, sondern auch durch unsere geteilte Begeisterung für den Fußballsport. Ich selbst habe schon immer gerne in der Freizeit Fußball gespielt und bin schon seit jeher Fan des FC Bayern München, aber bei meinem Chef zeigte sich die Liebe zum Fußball in noch viel deutlicheren Formen. Zum einen ist er ein wirklich eingefleischter Fan von Manchester United und spielt auch heute noch regelmäßig Fußball, was ich nur noch ganz selten tue. Zum anderen hat er seine Leidenschaft für diesen Sport auf großartige Weise mit wohltätigen Organisationen in Verbindung gebracht.

In Hongkong gründete er gemeinsam mit zwei Partnern, darunter Leslie Santos, einem ehemaligen Nationalspieler für Hongkong, die Chelsea FC Soccer School. Dort bietet man unter fachkundiger Anleitung durch angestellte Trainer Kindern und Jugendlichen aus allen Schichten Fußballtraining an. Zudem wird gefördert, dass die Jugendlichen etwas an die Gemeinschaft zurückgeben. So besucht man beispielsweise Altenheime, überreicht Spenden und ermöglicht Senioren, selbst am Sport teilzunehmen.

Für unsere Unternehmensgruppe stellten wir uns die Frage, in welchen Bereichen und auf welche Art und Weise wir uns in den vielen Ländern, in denen wir mit Büros und Fabriken vor Ort tätig waren, an wohltätigen Zwecken beteiligen oder solche ins Leben rufen können. Schnell war uns klar, dass wir dafür einen Fokus auswählen müssen. Kindern und Jugendlichen zu helfen und Aktivitäten zu unterstützen, die ihnen zugutekommen, war und ist nach wie vor das Ziel der Unternehmensgruppe.

Auf den Philippinen gibt es die Tuloy Foundation, eine von einem katholischen Priester, Marciano „Rocky" G. Evangelista, allgemein bekannt als Father Rocky, ins Leben gerufene Organisation. Die Organisation wurde bereits im Jahr 1993 gegründet. Father Rocky hat sein Leben dem Ziel gewidmet, Straßenkindern auf den Philippinen durch Tuloy eine neue Heimat und die Chance zu bieten, das Leben auf der Straße zu verlassen, eine neue Familie zu finden und eine Ausbildung zu erhalten. Neben der schulischen Ausbildung bietet Tuloy den Kindern auch viele sportliche Aktivitäten an. All das dient dazu, Gemeinschaftssinn, Disziplin und Verantwortung für sich selbst und andere zu erlernen. Für Father Rocky, der selbst ein großer Fußballfan ist, spielte der Fußballsport dabei innerhalb Tuloys für die Kinder schon immer eine wichtige Rolle. Dies war der bestmögliche Nährboden für eine erfolgreiche Zusammenarbeit zwischen Father Rocky und Raymond, die nun schon viele Jahre besteht. Neben seinem privaten Engagement bei Tuloy bot sich für die Luen Thai Gruppe und ihren CEO nun auch die Möglichkeit, das wohltätige Engagement des Unternehmens auf den Philippinen mithilfe von Tuloy auf die Hilfe für Straßenkinder zu lenken. Seitdem wurden gemeinsam Pläne erarbeitet und umgesetzt, neue Sportanlagen gefördert sowie Besuche von Mitarbeitern bei Tuloy und ein Austausch mit den Tuloy-Kindern und -Jugendlichen in die Wege geleitet. Mehrere Tausend ehemalige Straßenkinder haben mittlerweile durch Tuloy den Weg zurück in ein erfülltes Leben gefunden. Sie üben Berufe wie Mechaniker, Köche, Balletttänzer, Lehrer und viele mehr aus und für nicht wenige ist eine erfolgreiche Karriere im Fußballsport keine Fantasie, sondern eine realistische Alternative.

Aus Gesprächen mit einigen der mittlerweile erwachsenen Tuloy-Kindern erhielten wir eine interessante Aussage, die anschließend Teil einer Unternehmenskampagne wurde. Auf die Frage, was Father Rocky von ihnen während ihrer Zeit im Tuloy-Campus verlangt hätte, hörten wir die Antwort, dass er ihnen gelehrt hätte, jeden Tag die alltäglichen Dinge und Pflichten ein klein wenig besser auszuüben als am Tag zuvor. Diese Lehre haben wir dann zusammen mit unserer Personalabteilung zu einem Bestandteil unserer Unternehmenskultur gemacht und uns gegenseitig aufgefordert, die jeweiligen Aufgaben immer ein klein wenig besser zu bewältigen als am Tag zuvor. Eine tolle Lehre und Ansporn für unsere Belegschaft, die wir durch unsere Zusammenarbeit und unser Geben erfahren durften und so auch wiederum etwas von dieser Unterstützung der Tuloy Foundation zurücknehmen konnten.

Ein guter Tipp ist es sicher auch, sich selbst nicht nur die allergrößten Ziele zu setzen, deren Erreichung, wenn überhaupt möglich, oft erst nach Jahren machbar ist, sondern auch Tag für Tag kleine Zwischenziele zu erreichen. Aus meiner Erfahrung ist das eine wichtige Sache, da auch die Erreichung kleinerer Ziele immer einen positiven Effekt auf die Eigenmotivation hat.

Allen, die mehr über die Arbeit von Father Rocky erfahren möchten, empfehle ich, einen Blick auf die Webseite www.tuloyfoundation.online zu werfen.

Auch in Kambodscha, wo wir als Luen Thai Gruppe große eigene Fabriken betreiben, nahmen wir die Gelegenheit wahr und gründeten dort den XO United Football Club. Mit einem eigens dafür gebauten Sportgelände auf dem Dach einer unserer Fabriken bieten wir jungen, zumeist unterprivilegierten Menschen die Gelegenheit, unter Anleitung professioneller Trainer und Betreuer Fußball zu spielen. Durch die Einbindung eigener Mitarbeiter und den damit verbundenen Austausch sowie die Möglichkeit, an Turnieren und internationalen Begegnungen teilzunehmen, sollen den Kindern und Jugendlichen neue Perspektiven eröffnet werden.

Natürlich gibt es auch viele andere Möglichkeiten, sich in der lokalen Gemeinschaft einzubringen, und dies sind nur einige wenige Beispiele. Oft sind es die vielen kleinen Gesten und Aktionen, die ohne große finanzielle Leistungen erbracht werden können.

Wie bereits beschrieben, ist das sogenannte „Annual Dinner" eine der wichtigsten Firmenveranstaltungen im Jahr. Wesentlicher Bestandteil davon ist eine Tombola, auf die die Belegschaft jedes Jahr mit Spannung wartet. Oft ist es bei diesen Tombolas auch üblich, dass das Management spontan zusätzliche Preise spendet. Während der Vorbereitung eines dieser Annual Dinners beschlossen mein damaliger Chef und ich, dass wir nicht in gewohnter Weise einen Geldbetrag oder ein anderes Sachgeschenk spendieren würden, sondern uns ein persönlicheres, individuelleres Geschenk überlegen würden.

Bei ihm war die Entscheidung schnell gefallen. Als begeisterter Wanderer regelmäßig in den Bergen Hongkongs unterwegs, war sein Tombola-VIP-Preis ein Wochenend-Hike mit Übernachtung im Campingzelt in einem der Nationalparks Hongkongs. Ich denke, man kann sich die Überraschung und auch die vielen Fragezeichen in den Gesichtern der Belegschaft vorstellen, als der Preis verkündet und der Gewinner gezogen wurde. In den Augen aller war etwas Unsicherheit zu sehen, ob dies nun ein Gewinn war oder vielleicht doch nicht. Eine anstrengende Wanderung mit anschließender Übernachtung in einem Zelt in der freien Natur Hongkongs mit dem CEO der Unternehmung war ein bis dahin nicht bekannter Preis.

Auch ich machte mir Gedanken und tauschte mich darüber mit meiner Frau aus. Gemeinsam entstand die Idee für den Preis, den ich anbieten würde. Wir hatten uns überlegt, eine Kochstunde deutscher Gerichte bei uns zu Hause als Gewinn anzubieten.

Ich darf mit Bestimmtheit sagen, dass zumindest einige der Mitarbeiter bei der Verkündung dieses Preises gewisse Zweifel hatten, ob das denn tatsächlich ernst gemeint sei. Der Gewinner meines oder besser gesagt unseres Preises war einer meiner Lagerarbeiter. Er sprach nur wenig Englisch und so mussten ihm die Tischnachbarn im Ballsaal unseres Annual Dinner Events erst einmal übersetzen, welchen fantastischen Preis er gerade gewonnen hatte.

Die Einlösung des Gewinns erfolgte dann schon wenig später.

Der immer noch etwas verunsicherte Gewinner erschien zusammen mit seinen zwei kleinen Söhnen und meinem damaligen Lagerleiter, der sich als Übersetzer zur Verfügung gestellt hatte. Nach der ersten Begrüßung erklärten meine Frau und ich, dass es typische deutsche Speisen geben sollte: von grünem Salat und Suppe über Gulasch mit Semmelknödeln bis hin zu Roter Grütze mit Vanillesoße als Dessert. Diese sollten jedoch nicht von uns serviert werden, sondern unter unserer Anleitung vom glücklichen Gewinner zubereitet werden.

Es war ein riesengroßer Spaß, wie wir dann zu viert in unserer Küche standen und in erster Linie den Anweisungen meiner Frau folgten, um die Zubereitung in Angriff zu nehmen. Die beiden Söhne des Lagerarbeiters waren etwa im Alter unserer Töchter, und die vier hatten dann auch ohne die notwendigen Sprachkenntnisse der jeweils anderen eine gute Zeit im Kinderzimmer.

Nach erfolgter Küchenarbeit nahmen wir alle am Tisch Platz, um uns das Ergebnis der deutschen Kochstunde schmecken zu lassen. Auch dies war eine Erfahrung für unsere Gäste, die ihnen vollkommen neu war. Umso mehr freute es uns, dass wir einen wundervollen Tag miteinander verbracht und unseren Gästen einen Einblick in einen deutschen Haushalt und deutsche Gerichte gegeben hatten. Wenn wir heute auf die Fotos dieses Tages schauen, ist das ein sehr schönes Gefühl. Wie gesagt, auch kleine Gesten können ein gegenseitiges Geben und Nehmen bedeuten. In diesem Fall haben wir alle gewonnen.

Eine Beobachtung, die ich gemacht habe, ist, dass eine Firmenkultur des Zurückgebens an die Gemeinschaft, in der man lebt und arbeitet, viele Mitarbeiter dazu anregt, selbst in diversen gemeinnützigen Projekten aktiv zu werden oder solche sogar anzustoßen. Einer unserer früheren Agenten in Thailand hat es sich zur Aufgabe gemacht, Dorfgemeinschaften in abgelegenen Gebieten in Thailand mit Nahrungsmitteln, Salz und bei schulischer Ausbildung zu unterstützen. Ein früherer Mitarbeiter in Bangladesch hingegen versucht, Sport als Mittel zur Erhaltung der eigenen Gesundheit und zur Förderung gemeinschaftlicher Aktivitäten von Eltern und ihren Kindern in virtuellen Netzwerken zu bewerben.

Dies sind nur zwei von vielen Beispielen, denn die meisten Aktivitäten geschehen im Stillen.

Ein sehr guter Freund kommentierte das Thema Geben und Nehmen mit den Worten, dass es in der Tat oft zuerst ums

Nehmen und danach ums Geben oder Zurückgeben geht. Ein berechtigter Hinweis, wie ich finde. Man sollte sich diese Frage immer wieder selbst stellen und zu dem Verständnis kommen, dass Geben einem nichts wegnimmt und man durchaus zuerst etwas geben kann, bevor man vielleicht eine Leistung, eine Aufmerksamkeit oder nur ein Dankeschön erhält.

KAPITEL 15

Freunde kommen und gehen

Welche Rolle spielen Freundschaften, und wie entwickeln sie sich, wenn man seinen Lebensmittelpunkt für viele Jahre in ein anderes Land verlegt?

Freundschaften sind wichtig. Neben den Beziehungen in der Familie und den rein beruflichen Beziehungen zu Arbeitskollegen und Geschäftspartnern bieten sie uns ein Netzwerk, in dem durch gemeinsame Interessen und Hobbys eine Verbindung entsteht, die für jeden eine Bereicherung und zugleich einen Ausgleich gegenüber Beruf und Familienverpflichtungen bietet. Heute würde man dies wohl als einen Hauptbestandteil der Work-Life-Balance einstufen.

Wir alle bilden von Kindesbeinen an solche Freundschaften. Mal sind es enge, mal etwas losere Freundschaften und mal entwickelt sich ein eher engerer, kleinerer Freundeskreis. Mal sind es große, aber dann vielleicht nicht ganz so enge Freundeskreise.

Es erscheint relativ logisch, dass man bei einem Umzug ins Ausland den Kontakt zu vielen Freunden des erweiterten Freundeskreises verlieren wird. Schließlich finden persönliche Treffen mit dem weiteren und etwas loseren Freundes- oder Bekanntenkreis ohnehin nicht so regelmäßig statt wie mit dem engeren Kreis der besonders guten Freunde. Damit rechnet man. Eine kleine Vorwarnung für all diejenigen meiner Leser, die gerade planen, ebenfalls für eine längere Zeit ins Ausland zu gehen: Auch aus dem engeren Freundeskreis werden nicht alle Freundschaften bestehen bleiben. Diese Erfahrung mussten auch meine Frau und ich machen. Spätestens, wenn die ersten Wochen und Monate vergangen sind, die Nachfragen, wie es in dem neuen, fremden Land denn so geht, beantwortet sind und es immer weniger Themen gibt, die gemeinsam besprochen werden können, dann wird der Kontakt immer seltener. Schließlich bestimmen der eigene Alltag und die konkreten Themen vor der eigenen Haustür das jeweilige Leben am stärksten. Wenn man dann viele Tausend Kilometer voneinander entfernt ist und noch große Zeitunterschiede überwinden muss, fällt der Austausch, der früher oft täglich stattfand, immer öfter aus und irgendwann findet er gar nicht mehr statt.

Das trifft einen besonders in der Zeit, in der man zwar schon eine Weile in der neuen Umgebung oder Heimat lebt, die Freundschaften dort aber eher noch lose Bekanntschaften sind. Gerade dann ist es schon etwas schmerzhaft zu realisieren, dass das Interesse der alten Freunde an dem eigenen neuen Leben abflacht oder ganz verschwindet. Zudem hat man selbst keine Informationen mehr aus dem täglichen Leben in der alten Heimat und kann daher gar nicht mehr mitreden.

Die heutigen Möglichkeiten, per Video-Calls miteinander zu kommunizieren, erleichtern es, im Kontakt zu bleiben. Der oftmals große Zeitunterschied und eben auch die Tatsache, dass ein Video-Call ein persönliches Treffen und Gegenübersitzen schlichtweg nicht ersetzen kann, führen jedoch dazu, dass auch die Video-Calls schließlich immer seltener werden. Wenn man dann einmal im Jahr mit der Familie in die alte Heimat zurückkehrt, um dort die Sommerferien oder auch einmal die Weihnachtszeit zu verbringen, entwickeln sich diese Aufenthalte oft zu stressigen Zeiten. Familie und Freunde freuen sich zwar auf die Besuche, aber die wenigsten haben dann noch eine feste Bleibe, sprich eine eigene Wohnung oder ein eigenes Haus, sodass man entweder bei den Eltern oder anderen Verwandten unterkommen muss. Das ist schön, wenn es möglich ist, aber natürlich müssen sich dann alle etwas einschränken und auf limitiertem Raum miteinander auskommen. Die Erwartungshaltung von allen

Freunden und Verwandten ist zudem sehr oft, dass man schnellstmöglich bei ihnen vorbeischaut und dann auch ausführlich berichtet, was einem so in der Fremde widerfahren ist. Der Terminkalender während eines solchen Heimataufenthalts ist schnell prall gefüllt und man ist mehr oder weniger jeden Tag auf der Fahrt zu verschiedenen Verwandten und Freunden, um jedes Mal über die gleichen Erfahrungen zu berichten. Das ist eher ein Abarbeiten der Besuchsliste als ein Treffen mit Freunden während eines Urlaubs. Ist es dann noch aus irgendwelchen Gründen nicht möglich, einen gemeinsamen Termin zu finden, dann gibt es auch den einen oder anderen, der sich zurückgesetzt fühlt.

In den ersten Jahren unseres Auslandsaufenthalts haben wir diesen Besuchsmarathon mitgemacht und versucht, es allen recht zu machen. Die Konsequenz daraus war, dass wir nach dem Deutschlandbesuch oft urlaubsreif waren. Glücklicherweise konnten wir aufgrund unserer Wohnmöglichkeiten in Deutschland unsere Verwandten und Freunde zu Beginn unseres Heimaturlaubs darüber informieren, wann und wie lange wir da sein werden und wie wir zu erreichen sind. So konnten diejenigen, die uns sehen wollten, auf uns zukommen und wir mussten nicht ständig im Mietwagen durch die Gegend fahren.

Bis dahin hatte sich unser ursprünglich großer Freundeskreis allerdings schon deutlich verkleinert. Die Freunde, die wir dann noch trafen, sind auch weitestgehend die Freunde, die es bis heute geblieben sind.

In unserer Wahlheimat Hongkong entstanden neue Freundschaften nicht wie gewohnt aus Interessengemeinschaften, gemeinsamen Hobbys oder Sportvereinen heraus. Letztere gibt es in Hongkong gar nicht in der Form, wie wir das aus Deutschland kannten und kennen. Sport wird dort oft in teilweise sehr elitären Privatclubs oder in öffentlichen Sportstätten angeboten. In die Privatclubs kommt man nur, wenn einem durch eigene Mittel oder die Firma ein recht hohes Budget zur

Verfügung steht, um eine Mitgliedschaft zu erwerben. Neben diesem Einmalbetrag muss man dann noch unterschiedlich hohe monatliche Mitgliedsbeiträge zahlen. Eine teure und, wie gesagt, zumindest in vielen dieser Clubs, elitäre Veranstaltung. Um zum Beispiel einen Platz für Squash oder Tennis auf einer der öffentlichen Sportstätten zu buchen, muss man natürlich bereits einen Sportpartner haben und sich auskennen, um zu wissen, wo und wie man eine solche Buchung vornimmt. Das ist kein Hexenwerk, aber eben auch eine kleine Hürde beim ersten Mal.

Der Weg, um neue Freundschaften zu finden, ist daher oft ein anderer. Wenn man mit seiner Familie in Hongkong oder anderswo auf der Welt ankommt und dort lebt, bieten Kindergarten oder Schule in der Regel die meisten Gelegenheiten, neue Freundschaften zu schließen. Über die Kinder lernen sich eben auch die Eltern bei diversen Veranstaltungen kennen. Dazu kommt, dass man sich dort in einem Umfeld wiederfindet, in dem alle den einen gemeinsamen Nenner haben: Man lebt nun weit weg vom eigentlichen Zuhause und sehnt sich nach Freundschaften, da die alten Freunde immer weniger werden.

Wenn sich keine neuen Kontakte über die eigenen Kinder ergeben, bleibt oft nur der Austausch über die berufliche Ebene. Es sind Kollegen oder Geschäftspartner, die einem sympathisch sind und mit denen sich Freundschaften auch außerhalb der geschäftlichen Welt entwickeln.

Zumindest in größeren Städten wie Hongkong gibt es in der Regel auch diverse Gruppen bestimmter Nationalitäten oder gemeinsamer Sprachen. Diese machen es Neuankömmlingen leicht, erste Kontakte zu knüpfen und andere Expats kennenzulernen. Das können privat organisierte Gruppen sein oder auch Angebote von Konsulaten, den Handelskammern diverser Länder etc.

Daraus ergeben sich häufig eine Menge neuer Bekanntschaften, von denen jedoch nur wenige zu wirklichen Freundschaften werden. Das ist auch völlig verständlich, denn allein die Tatsache, dass man geschäftlich miteinander zu tun hat, ist nicht unbedingt der Baustein für eine private Freundschaft, in der man ähnliche Interessen und Ansichten teilt. Oft genug beenden schon die ersten Sätze bei solchen Aufeinandertreffen die Chance, wirklich Freunde zu werden, wenn es zunächst nur darum geht, herauszufinden, wer den besseren Posten oder das bessere Expat-Package hat und wo man wohnt. Hongkong ist flächenmäßig eher klein. Ich nenne es oft ein Dorf mit 7,5 Millionen Einwohnern. Dennoch gibt es zum Beispiel bei lokalen wie auch zugewanderten Mitbürgern oftmals kleine Hürden, von Hongkong Island auf die Kowloon-Seite zu ziehen und umgekehrt.

Ein weiterer Aspekt, der es erschwert, nicht nur neue Freundschaften zu gründen, sondern diese auch über längere Zeit zu erhalten, ist die häufig kurze Entsendungsdauer typischer Expats. Oft sind sie nur für zwei bis drei Jahre an einem Standort wie Hongkong und reisen anschließend weiter zum nächsten Ort oder zurück zu den Stammhäusern ihrer Firmen. Daher ist es vielen gar nicht daran gelegen, engere Freundschaften aufzubauen. Gerade für unsere Kinder war das nicht immer einfach. Kaum hatten sie in ihren Schulklassen neue Freunde gefunden, so waren einige davon im nächsten Schuljahr schon wieder verschwunden. Wir stellten fest, dass sich unser Freundeskreis dann fast automatisch mit denjenigen erweiterte, die wie wir die ersten Jahre längst hinter sich gelassen hatten und Hongkong wirklich zu ihrer Heimat gemacht hatten.

Mit Freunden, die wir in Hongkong gefunden haben und die mittlerweile selbst irgendwo anders oder auch immer noch in Hongkong leben, verbindet uns die Erfahrung, fern der eigentlichen Heimat zu leben. Dies ist ein wichtiger Baustein für eine lange Freundschaft, die auch über die Distanz hinweg erhalten bleibt. Auch wenn man sich nur in größeren zeitlichen Abständen wiedersieht, ist es in der Regel leicht, an den Punkt anzuschließen, an dem das letzte Treffen endete. Weit weg von der eigentlichen Heimat neue Freundschaften zu finden, die nicht nur oberflächlich bleiben, schweißt auf ganz besondere Weise zusammen.

Wie ist das eigentlich mit Freundschaften am Arbeitsplatz? Selbstverständlich können sich dort auch Freundschaften ergeben. Ich hatte das Glück, während meiner beruflichen Laufbahn einige Kollegen, Vorgesetzte und Mitarbeiter kennengelernt zu haben, mit denen ich größtenteils noch heute freundschaftlich verbunden bin. Einige meiner engsten Freunde gehören ebenfalls zu dieser Gruppe. Es ist dabei immer einfacher, wenn es sich um Kollegen mit ähnlichen Aufgaben und Verantwortungsbereichen handelt. Bei Mitarbeitern oder Vorgesetzten bedarf es etwas Fingerspitzengefühl. Schließlich muss man berufliche und private Dinge trennen können, und das gilt für beide Seiten.

Es gibt immer eine Trennlinie oder sagen wir einen schmalen Grat, auf dem man sich bewegt, wenn man freundschaftlich verbunden ist und dann zusammenarbeitet. Freundschaft kann und darf in der Arbeitsumgebung keinen Sonderstatus bedeuten.

Einige Jahre meiner Karriere habe ich mit einem Vorgesetzten zusammengearbeitet, den ich, bevor wir uns beruflich begegnet sind, aus unserem privaten Freundeskreis kannte. Nicht, dass wir beste Freunde waren, aber eben doch gut bekannt und unsere Frauen und Kinder waren sogar noch etwas enger befreundet. Während sich Freundschaften sonst aus einer engen beruflichen Zusammenarbeit heraus über Jahre hinweg bilden, war in diesem Fall die Freundschaft bereits vor der beruflichen Zusammenarbeit vorhanden. Das verlangt von beiden Seiten Respekt füreinander und die Fähigkeit, berufliche Notwendigkeiten unabhängig von privaten Ansichten oder Umständen gemeinsam zu vertreten und umzusetzen. In diesem speziellen Fall kam noch hinzu, dass wir beide sehr unterschiedliche Ansichten zu Menschenführung und Teamarbeit hatten. Das führte zu der einen oder anderen Konfrontation, dennoch waren wir als

Team sehr erfolgreich. Unsere Freundschaft erwies sich allerdings als nicht eng genug und blieb nach dem Ende unserer beruflichen Zusammenarbeit auf der Strecke. Es war letztlich wohl doch eher eine Zweckgemeinschaft als eine echte Freundschaft.

Bis heute sind fast alle anderen Freundschaften, die sich mit früheren Kollegen, Vorgesetzten und eigenen Mitarbeitern entwickelt haben, gut und teils sehr eng. Diese Freundschaften schätze ich sehr. Das sind Freundschaften, die auch ohne die berufliche Zusammenarbeit und über große Distanzen und Zeitunterschiede hinweg bestehen bleiben.

Mit meinen Mitarbeitern, besonders, wenn sie viele Jahre mit und für mich gearbeitet haben, habe ich auch während der beruflichen Zusammenarbeit ein freundschaftliches Verhältnis gepflegt. Zu Freunden im engeren Sinne wurden sie jedoch erst, nachdem wir nicht mehr in den Rollen des Vorgesetzten und Mitarbeiters waren.

Urs, mein erster Chef in Hongkong, ein Wegbereiter, Sportsfreund, jemand, der seine Erfahrung gerne teilt, ohne sich dabei in den Vordergrund zu stellen. Viele gemeinsame Erlebnisse, geschäftlich und privat, haben unsere Freundschaft immer wieder erneuert.

Sanjeev, mein früherer Partner im Management der TMS Group, Golfpartner, Cricket-Lehrer und seit mehr als 20 Jahren nicht nur Kollege, sondern bereits ein enger Freund. Gegenseitige Besuche und Kennenlernen der Familien haben zu einer wertvollen Freundschaft geführt.

Javais, meine langjährige Assistentin, die nicht nur mich in meiner Arbeit, sondern auch meine Familie in vielen Angelegenheiten, von Visaanträgen über Flugbuchungen zu persönlichen Tipps bei Reisen oder zu lokalen Festen, immer wieder fantastisch unterstützt hat und dies auch heute noch privat für uns tut. Unabhängig davon war sie eine der ersten Besucherinnen in unserem neuen Heim zurück in Deutschland und wir freuen uns auf ein baldiges Wiedersehen mit ihr.

Helen, die erste Angestellte und Büroleiterin unseres damals neu gegründeten Büros in Peking, die ich selbst eingestellte hatte und die bis zu ihrer Pensionierung dort für uns gearbeitet hat. Insbesondere WeChat hält uns in Kontakt.

Frank A., unser gemeinsamer Sinn für Humor und wenn nötig auch ein wenig Ironie hat uns durch die eine oder andere kritische Situation im Berufsalltag geholfen. Wie wichtig ist es doch, sich auch in kritischen Momenten gegenseitig aufzubauen, solange es nicht um das jeweilige Lieblingsteam im Fußball geht.

Monir, mein Versandleiter des Büros in Bangladesch. Den sozialen Netzwerken zum Dank erfahre ich immer wieder, wie es ihm und seiner Familie geht, und wir schreiben und telefonieren von Zeit zu Zeit miteinander.

Kumaresan, mein Buchhalter aus Chennai, der mir nicht nur viele Jahre loyal und mit guter Arbeit in Indien zur Seite stand, sondern auch die Idee zur Zusammenarbeit mit der School of Sacred Hearts hatte, die für so viele Jahre ein echte Herzensangelegenheit wurde.

Rick und Lydia, Leiter unseres New Yorker Büros. Sie sind grundsätzlich sehr unterschiedliche Charaktere. Beide sind zu Freunden geworden, die nach wie vor den Kontakt halten und pflegen. Bis bald einmal im Big Apple.

Ich könnte die Liste nun noch lange weiterführen und entschuldige mich bei all den Freunden, die ich hier nicht namentlich erwähnt habe. Jeder bzw. jede einzelne von meinen Freunden ist mir wichtig und natürlich sind da all die rein privaten Freunde, die nichts mit meinem Beruf und beruflichen Werdegang zu tun haben, abgesehen davon, dass ich viele von ihnen ohne meine Zeit in Asien wohl gar nicht kennengelernt hätte.

Ganz besonders schätze ich, dass unser Freundeskreis heute so international ist. Freunde aus so vielen verschiedenen Ländern und Kulturkreisen zu haben, die heute wiederum in so vielen unterschiedlichen Ländern zu Hause sind, lässt die Welt und ihre verschiedenen Bühnen zusammenwachsen.

Dadurch sind die Themen, die wir mit unseren Freunden besprechen, unglaublich vielseitig. Von lokalen wie auch weit entfernten Bühnen dieser Welt erhalten wir Eindrücke unserer Freunde. Wir sind auf jedes Treffen, ob in Person oder per Video-Call, gespannt und neugierig.

Umso ungläubiger kann ich daher nur auf Bestrebungen und politische Bewegungen der Abschottung schauen. Ich glaube fest daran, dass ein Miteinander immer besser ist als ein bloßes Nebeneinander oder gar ein Gegeneinander.

KAPITEL 16

Bleibe ich oder gehe ich zurück?

Wer einmal den Schritt ins Ausland gewagt hat, stellt sich meist früher oder später die Frage: Ist der richtige Zeitpunkt gekommen, um wieder in sein Heimatland zurückzukehren? Diese Entscheidung ist von vielen Faktoren abhängig und nicht in jedem Fall selbstbestimmt.

Es gibt die typischen Entsendungen von Führungskräften oder auch talentierten Nachwuchskräften, die von ihren Unternehmen für eine befristete Zeit mit einer Aufgabe in einer Auslandsgesellschaft betraut werden. In der Regel sollen diese Mitarbeiter Erfahrungen sammeln, die sie am Stammsitz oder in anderen lokalen Niederlassungen des Unternehmens nicht machen könnten. Es geht dabei auch darum, zu sehen, wie sich ein Mitarbeiter in der fremden Umgebung zurechtfindet und ob er sich unter etwas erschwerten Bedingungen genauso bewährt wie in heimischer und bekannter Umgebung. Oft sind solche Entsendungen auf zwei bis maximal drei Jahre begrenzt. Eine Zeitspanne, die unter Umständen zu kurz ist, um wirklich in die andere Welt einzutauchen und sich zumindest ein Stück weit zu integrieren. Steht das Datum der Rückkehr schon bei der Ankunft in dem neuen Land fest, dann fehlt oft auch der Wille, sich zu integrieren und die Hürden, die damit verbunden sind, zu nehmen. Schließlich ist man nach Ablauf der Entsendung wieder zu Hause und ein alternatives Zuhause wird in diesen Fällen am Auslandsstandort gar nicht aufgebaut. Oft wohnen diese Entsandten in Service-Apartments, Möbel werden angemietet oder wie vorhanden übernommen, eigentlich mehr wie bei einem längeren Urlaubs- oder Geschäftsaufenthalt. Daran ist nichts auszusetzen, denn das ist bei dieser Form der Entsendung ja irgendwie gewollt. Der Mitarbeiter soll seine geschäftlichen Aufgaben verantwortungsvoll vor Ort erfüllen und mit einem Extrakapitel im Lebenslauf und einer zusätzlichen Erfahrung, die wie eine zusätzliche Qualifikation angesehen wird, zurückkehren und möglichst intern die Karriereleiter weiter aufsteigen. Bei solch kurzen Aufenthalten im Ausland ist die Rückkehr und Wiedereingliederung in die heimische Arbeitswelt relativ einfach.

Meine eigenen Erfahrungen hierzu machte ich nach meiner ersten Entsendung nach Hongkong. Ursprünglich hatte ich den üblichen Entsendungsvertrag über drei Jahre erhalten. Sowohl geschäftlich als auch privat lief es für mich in Hongkong dann aber so gut, dass ich mich nach Rücksprache mit meinem damaligen Vorgesetzten in Hongkong schon nach zwei Jahren entschlossen hatte, den Vertrag auf fünf Jahre zu verlängern. Wir hatten gerade die große Asien-Finanzkrise durchlebt, mit Indien einen weiteren Markt in unsere Verantwortung übernommen und es war an der Zeit, wieder nach Wachstum zu streben. Warum also schon nach drei Jahren wieder zurück nach Deutschland gehen? Im deutschen Stammhaus war man davon nicht unbedingt begeistert, hatte aber sicherlich andere wichtige Entscheidungen zu treffen und genehmigte die Verlängerung. Es dauerte jedoch nicht einmal ein Jahr, bis die ersten Gespräche starteten, die eine frühere Rückkehr nach Deutschland wieder ins Spiel brachten. Wie oft kann man dann bei seinem Nein bleiben, ohne vielleicht andere Chancen im Unternehmen zu verspielen? Ich kann mich an viele unruhige Nächte erinnern, in denen ich darüber grübelte, was nun der richtige Weg sei. Zu der Zeit hatten wir in Hongkong ein kleines Unternehmen aufgekauft, das unser Produktportfolio erweitern und unser Kernprodukt zusätzlich vermarkten sollte. Das Unternehmen hatte auch in Deutschland eine Schwestergesellschaft. Diese wurde nicht übernommen, sondern ein Joint Venture mit gleichen Anteilen des Gründers und meines Arbeitgebers gegründet.

Mit der Zielsetzung, diese neuen Geschäftsmodelle zu einem globalen Geschäftsbereich auszubauen, wurde mir schließlich angeboten, zurück in Deutschland die Geschäftsführung gemeinsam mit dem Joint-Venture-Partner zu übernehmen und eben diesen Aufbau eines globalen Geschäftsbereichs voranzutreiben. Was auf dem Papier vielleicht durchaus verlockend klingt, war für mich zu dem Zeitpunkt allerdings nicht meine erste Wahl. Ich hatte mich privat und beruflich auf insgesamt fünf Jahre in Hongkong eingestellt und nun sollte das nach knapp vier Jahren schon ein Ende finden.

So gerne wir das alle hätten, Entscheidungen liegen nicht immer bei einem selbst und das Angebot wurde sehr schnell zu einer doch recht deutlichen Forderung an mich. Würde ich es ablehnen, dann war nicht unbedingt damit zu rechnen, dass ich nach fünf Jahren in Hongkong eine andere großartige Chance erhalten würde.

Ich fühlte mich in die Ecke gedrängt und sagte zu. Mit viel Wehmut, und besonders bei unseren Kindern mit vielen Tränen, ging es 2001 nach vier Jahren in Hongkong wieder zurück nach Deutschland.

Die neue Arbeitsstelle war im Ruhrpott. Wir fanden ein schönes Haus in einem kleinen Ort nahe Dortmund und meine Arbeitsstelle war in Wuppertal. Beides war wieder sehr anders als Hongkong, aber privat war dies zunächst eine Bereicherung. Unsere Kinder konnten zu Fuß in die Schule gehen, auf der Spielstraße vor dem Haus Fahrrad fahren und mit Kreide die Straße bemalen. Alles Dinge, die in Hongkong undenkbar waren.

Privat hatten wir auch hier über die Kinder schnell wieder neue Kontakte zu anderen Eltern. Oft waren wir aber als Exoten abgestempelt. Hongkong war für die meisten nur kurz interessant und man sprach über die Hochhäuser und vielen Menschen und dann war das Thema wieder vorbei. Zu den lokalen Themen hatten wir wiederum zu Beginn nichts beizutragen, also dauerte es einige Monate, bis wir wieder etwas integriert waren.

Beruflich erlebte ich eine kleine Achterbahnfahrt. Ich ging die neue Aufgabe mit viel Enthusiasmus an, musste aber schnell feststellen, dass mein Kollege, der Gründer, Joint-Venture-Partner und Co-Geschäftsführer war, zwar 50 % seiner Anteile verkauft hatte, aber der Meinung war, dass er das Unternehmen nach wie vor so führen könne, wie er es wollte und gewohnt war. Ich hatte natürlich den Auftrag von der Geschäftsleitung der Unternehmensgruppe, dieses neue Joint Venture im Sinne und im Stil der Unternehmensgruppe zu leiten und voranzubringen. Schnell fand ich mich in einer Position wieder, in der ich mit den Befindlichkeiten des Miteigentümers und Geschäftsführungskollegen einerseits und dem Drängen auf Änderungen seitens des Stammhauses andererseits zu tun hatte. Für die eigentliche Arbeit und Zielsetzung, dieses Geschäft nicht nur weiter zu expandieren, sondern auch weltweit aufzubauen, blieb daher wenig Zeit. Zudem merkte ich bald, wie sehr ich mich in den vier Jahren in Hongkong verändert hatte und wie sich meine Erwartungen an die Mitarbeiter geändert hatten. In Hongkong hatte ich eine Zeit mit sehr engagierten Mitarbeitern und einer hohen Arbeitsmoral und Eigenmotivation erlebt. Zurück in Deutschland erlebte ich gut qualifizierte Mitarbeiter, die jedoch mit weniger Eigenmotivation und Antrieb ausgestattet waren. Das war zumindest mein Eindruck. Ein Beispiel hierfür war die Situation, dass schon nach den ersten Tagen im neuen Job der IT-Manager der Firma zu mir kam und mir mitteilte, dass wir leider einen Server-Crash hatten. Auf meine Antwort, dass er dann bitte schnellstmöglich das Backup wieder aufspielen sollte, erfuhr ich, dass leider auch das Backup nicht funktioniert hatte und wir lediglich Daten von vor über einer Woche als Backup hatten.

Das war an einem Donnerstag, also rief ich die betroffenen Mitarbeiter der Abteilungen zusammen, die mit der Auftragserfassung, Disposition und Abwicklung zu tun hatten. Ich erklärte ihnen kurz den Sachverhalt und kündigte an, dass wir die verlorengegangenen Daten nun leider die nächsten zwei bis drei Tage, also von Freitag bis Sonntag, erneut eingeben würden, damit die Ausführung und Auslieferung der Kundenaufträge spätestens am Montag wieder reibungslos funktionierte. Ich hatte nicht damit gerechnet, dass bereits fünf Minuten später der Betriebsrat zu mir kam und mich darauf hinwies, dass ich nicht einfach so Wochenendarbeit anordnen könne. In Hongkong wäre das undenkbar gewesen. Bevor ein Mitarbeiter dort an den Betriebsrat oder die eventuell entgangene Freizeit am Wochenende gedacht hätte, hätte er lieber die Nacht durchgearbeitet, um das Problem zu beheben. Für mich war dies eine erste Lehre, dass auch die Rückkehr in heimische Gefilde beruflich erneut eine Anpassung an die lokalen Gegebenheiten und Arbeitsvorschriften bedeutete.

Was macht man dann in so einer Situation? Meine erste Reaktion war, mich mit den Arbeitsregularien vertraut zu machen und dann im Rahmen des Möglichen die Arbeit wieder in Gang zu setzen. Nachdem diese erste Hürde überwunden war, konzentrierte ich mich darauf, das Unternehmen auf Wachstumskurs zu bringen. Ich besuchte alle osteuropäischen Tochtergesellschaften in Bulgarien, Rumänien und Litauen und traf dort erneut auf ganz neue Welten. Auf der einen Seite hatten unsere Mitarbeiter dort ähnlich wie in Asien eine hohe Eigenmotivation und zeigten viel Engagement. Auf der anderen Seite erlebte ich den Umgang miteinander und unter den lokalen Mitarbeitern irgendwie in einem raueren Ton als in Asien. Meine Besuche dort waren allerdings nur von kurzer Dauer, sodass ich mir kein wirkliches Urteil darüber zutraue, ob dies nur ein erster Eindruck von mir war oder eine tatsächliche Charaktereigenschaft der Menschen in diesen Ländern.

Nach etwa zehn Monaten erhielt ich schließlich einen Anruf eines Bekannten aus Hongkong. Er hatte gemeinsam mit einem Partner eine Beschaffungsagenturkette für ein deutsches Modelabel gegründet und suchte nach dem Ausstieg seines Partners nun jemanden, der den kaufmännischen Bereich abdecken und verantworten sollte. Er wusste von meiner Zeit und Funktion bei FVI, sodass ich das Angebot erhielt, nach Hongkong zurückzugehen und dort die Funktion des kaufmännischen Geschäftsführers der TMS Group zu übernehmen.

Bleibe ich oder gehe ich zurück? Die gleiche Frage, nun erneut aus Deutschland heraus. Ich denke, ich kann mich grundsätzlich als einen sehr loyalen Menschen beschreiben. Wenn ich mich für eine Sache entschieden habe, dann stehe ich dazu und gehe auch einmal durch schwere Zeiten. In diesem Fall und zu diesem Zeitpunkt meiner Karriere hatte ich jedoch zum ersten Mal das Gefühl, dass mich meine Arbeit nicht völlig erfüllte. Die Position und das Gehalt stimmten, aber ich war nicht überzeugt von der Zukunft dieses Geschäfts unter den Joint-Venture-Bedingungen. Die kleinen politischen Querelen zwischen den Joint-Venture-Partnern und die insgesamt eher geringe Dynamik unter den Mitarbeitern ließen mich ernsthaft über diese Option nachdenken. Ich wollte schließlich nicht für drei Jahre als Geschäftsführer des Joint Ventures meine Zeit absitzen und dann wieder Gas geben, sondern in meiner beruflichen Laufbahn weiter vorwärtskommen. In der Tat glaube ich, dass es mir gar nicht möglich gewesen wäre, die Vertragszeit in dieser Position mehr oder weniger abzusitzen und anschließend wieder mit Elan eine neue Aufgabe zu beginnen. Ein Dornröschenschlaf hilft niemandem weiter. Ich sprach daher die Geschäftsleitung der Unternehmensgruppe im Stammhaus an und teilte ihr mit, dass ich ein Angebot vorliegen hatte, wieder nach Hongkong zu gehen. Gleichzeitig sagte ich aber, dass ich bislang zwölf erfolgreiche Jahre in der Unternehmensgruppe erlebt hatte und im Fall einer anderen Option innerhalb der Gruppe gerne über eine solche Veränderung nachdenken und dem Unternehmen treu bleiben würde. Das war die Loyalität, von der ich bereits sprach. Man bat mich, zunächst einmal meine damalige Funktion für die vereinbarten drei Jahre auszuüben, zumal man keinen Ersatz für mich hatte und sonst jemanden von außen suchen müsste.

In jeder beruflichen Laufbahn gibt es wohl diesen Moment, in dem man sich ganz realistisch und möglichst objektiv fragen muss, in welche Richtung man gehen will. Meine Entscheidung fiel daher auf einen Wechsel und eine erneute Rückkehr nach Hongkong. Dieses Mal jedoch nicht als Entsandter einer deutschen Unternehmensgruppe, sondern als Führungskraft eines in Hongkong registrierten Unternehmens. Dieses hatte zwar ein beachtliches Umsatzvolumen und gute Ergebnisse, war aber ein rein eigentümergeführtes Unternehmen ohne die mir bislang bekannten Konzernstrukturen. Das war ein Schritt in eine Zukunft ohne den doppelten Boden eines Stammhauses in Deutschland und ohne das Versprechen, zurückkehren zu können.

Für meine Familie war das kein leichter Schritt. Hongkong hatte sich in den ersten vier Jahren als eine interessante und großartige Erfahrung für uns alle gezeigt. Doch wie würde es bei einem zweiten Aufenthalt sein? Nach einigen Tagen Bedenkzeit und einem Kurzbesuch meinerseits in Hongkong, um die mögliche neue Arbeitsstelle vor Ort kennenzulernen, fiel die Entscheidung für eine zweite Zeit in Hongkong. Dieses Mal zunächst unbefristet. Eine kuriose Anekdote zu unserem erneuten Umzug nach Hongkong: Wir hatten dasselbe Umzugsunternehmen beauftragt, das schon beim Umzug von Hongkong nach Deutschland gerade einmal 14 Monate zuvor für uns tätig war. Durch Zufall benutzte dieses Umzugsunternehmen einen Teil der gebrauchten, aber in gutem Zustand befindlichen Umzugskisten erneut. Darunter befanden sich tatsächlich einige Umzugskisten, auf denen unser Name und die Inhaltsbezeichnung in Englisch und Kantonesisch geschrieben waren. Nun wurden diese Kisten also ein zweites Mal mit Teilen unseres Haushalts gefüllt und wieder nach Hongkong zurückgeschifft. Welch ein Zufall – oder doch ein Wink des Schicksals?

Wer hätte aber gedacht, dass mein zweiter Auslandsaufenthalt dann mehr als 22 Jahre dauern würde?

Das war nicht wirklich meine Absicht, als ich meine neue Arbeitsstelle ein zweites Mal in Hongkong antrat. Ich glaubte damals, dass es noch einmal drei bis fünf Jahre werden könnten.

Ich startete hochmotiviert und voller Elan in meine neue Verantwortung. Gerne wollte ich diesem insgesamt eher mittelständischen Unternehmen durch meine Konzernerfahrung auf das nächste Level helfen. Wieder einmal hatte ich mich getäuscht. In dieser Organisation war kein Konzerndenken gefragt, sondern es ging Tag für Tag darum, Entscheidungen zu treffen, die den Gewinn des Eigentümers möglichst kurzfristig und schnell deutlich vermehrten. Es wurde weniger strategisch und mehr ad hoc sowie sehr situationsbedingt gearbeitet. Ein Beispiel dafür ist, dass ich nach ein paar Wochen aufgefordert wurde, umgehend nach Bangladesch zu fliegen, um die Qualitätsprobleme in einer der Zulieferfabriken zu beseitigen. Zu diesem Zeitpunkt wusste ich gerade einmal, ob es sich bei dem Produkt um ein T-Shirt oder ein Hemd handelte, aber das waren dann auch schon meine Produkt- und Qualitätskenntnisse. Dennoch trat ich die Reise an und daraus entwickelte sich über die nächsten Jahre ein kontinuierlicher Learning-By-Doing-Prozess. Tatsächlich kamen zu meinen Schwerpunktaufgaben der kaufmännischen Geschäftsführung viele weitere Aspekte hinzu: die Beurteilung und teilweise Akquise von Lieferanten, Kundenbesuche mit entsprechenden Verkaufszielen, die Klärung von Qualitätsproblemen und die Verhandlung möglicher Schadensansprüche usw. Auch funktional öffneten sich für mich viele neue Bühnen und Einsatzgebiete. Vor einiger Zeit schrieb mir ein früherer Mitarbeiter aus unserem Designteam, dass ich für ihn ein Vorbild war, denn einen CFO, der sich neben seinen eigentlichen Aufgabengebieten auch die Mühe machte, Kenntnisse in der Produktion, dem Design und dem Vertrieb zu erarbeiten, empfand er als nachahmenswert. Er selbst führt heute sein eigenes Unternehmen und hat sich vom reinen Designfeld aus mit seinen dort erworbenen Kenntnissen in diese Richtung weiterentwickelt. Wenn ich zu seinem Karriereweg und seiner heutigen Selbstständigkeit tatsächlich durch mein Verhalten ein wenig beigetragen habe, dann macht mich das sehr glücklich.

Zurück aber zu der ersten Zeit meiner Tätigkeit bei dem neuen Unternehmen in Hongkong. Die Geschäfte liefen nicht von allein und ein heftiger Geschäftseinbruch mit dem damaligen Hauptkunden erschütterte die gesamte Organisation. Plötzlich musste ich feststellen, dass es wirklich kein Sicherheitsnetz gab. Als der Stress der kritischen Situation beim damaligen Eigentümer, sagen wir einmal, in äußerst unangebrachte Beschuldigungen und Vorhaltungen ausartete, kündigte ich. Nun beschäftigte ich mich ernsthaft mit der Notwendigkeit, mit meiner Familie nach nur wiederum einer recht kurzen Zeit von etwas über einem Jahr erneut umziehen zu müssen. Kein schöner Gedanke, aber es erschien unausweichlich.

Nach den ersten Bewerbungen und Gesprächen mit Headhuntern und potenziellen Arbeitgebern ergab sich ein Gespräch mit dem Eigentümer, in dem wir unsere Differenzen klären konnten. Uns wurde klar, dass wir sehr unterschiedliche Charaktere waren und jeder auf seine Art erfolgsbezogen agierte. Wir würden in den meisten Fällen auf jeweils anderem Weg mit leicht unterschiedlichen Ansätzen unsere Ziele verfolgen, aber dieses klärende Gespräch war notwendig, um uns fortan mit dem nötigen Respekt zu begegnen.

Interessanterweise wurden wir zu einem extrem erfolgreichen Duo, später dann zu einem Trio erweitert, und waren in der Lage, unsere jeweiligen Stärken als Team am besten einzusetzen. Unsere Geschäfte wuchsen schnell, sodass es fast ein konsequenter Schritt war, dass das große, börsennotierte Unternehmen Luen Thai Holdings Ltd. auf den Eigentümer zukam und zunächst 50 %, später dann 100 % der TMS Group übernahm.

Die Lehre aus dieser schwierigen Anfangszeit bei der TMS Group war, sich seiner Prinzipien bewusst zu werden, für diese einzustehen, aber auch Kompromisse eingehen zu können und als Team mit unterschiedlichsten Charakteren und Ansichten das Beste herauszuholen.

Ich hätte nie gedacht, dass mein zweiter Aufenthalt in Hongkong so lange dauern würde. Die Dynamik der Geschäftstätigkeit in Asien ist generell groß, sodass die Jahre schnell und fast wie im Flug vergehen. Das bedeutet aber auch, dass man sich selbst fragen muss, ob es einen Zeitpunkt für die Rückkehr, in meinem Fall nach Deutschland, geben wird.

Gibt es vielleicht so etwas wie einen „Point of No Return"?

Ich würde diese Frage nicht mit einem klaren Ja beantworten. Im James-Bond-Jargon heißt es „Sag niemals nie" und so, wie ich es erlebt habe, öffnen sich immer wieder neue Türen und man kann eben nicht alles im Leben oder in der beruflichen Laufbahn exakt vorherplanen. Dennoch muss man sich sehr bewusst sein, dass ein langer Auslandsaufenthalt die berufliche Rückkehr in die heimatlichen Gefilde limitiert. Schließlich erarbeitet man sich einen Erfahrungsschatz, der auf den Erfahrungen beruht, die man im Ausland macht. Besonders, wenn man nicht als Entsandter für eine Unternehmung ins Ausland geht, schneidet man auch etliche Verbindungen durch. Das passiert allerdings nicht sofort und soll nicht heißen, dass man nicht trotzdem gute Kontakte aus dem früheren Unternehmen pflegen kann.

Ich hatte und habe bis heute immer noch Kontakte aus meinem ersten Arbeitsumfeld und den zwölf Jahren Zugehörigkeit zur Freudenberg-Gruppe. Aber so, wie sich das private Umfeld weiterentwickelt und mit eigenen Dingen beschäftigt, so gilt das auch für die beruflichen Kontakte. Mit anderen Worten: Ich glaube, nach einer langen Zeit im Ausland wartet in der Heimat nicht unbedingt jemand auf einen. Passende Positionen im heimischen Umfeld sind natürlich besetzt und das Anforderungsprofil für Führungspositionen sieht einen mehrjährigen Auslandsaufenthalt möglicherweise nicht vor. Dazu möchte ich nochmals darauf hinweisen, dass die Reintegration in ein westlich geprägtes Arbeitsumfeld genauso schwierig sein kann wie die Integration beim Antritt einer Stelle im Ausland.

Das soll nicht bedeuten, dass man nach zehn oder zwanzig Jahren nicht wieder zurückgehen und eine ansprechende Stelle finden kann, aber die Regel wird das nicht sein.

Entscheidet man sich also für einen so langen Aufenthalt im Ausland, stellt sich die Frage nach der Rückkehr in die Heimat eher zu einem Zeitpunkt, an dem man sich aus dem operativen Geschäft zurückziehen möchte. Ich spreche hier bewusst nicht von einer Pensionierung, sondern eher von einer neuen Lebensphase. Sowohl beruflich als auch privat gibt es immer wieder Phasen und Lebensabschnitte, in denen man die Schwerpunkte anders setzt und neue Wege beschreitet. Das ist es, was unser Leben auch so spannend macht. Wer weiß heute schon, was morgen passiert?

KAPITEL 17

Das Ende ist nur der Start von etwas Neuem

Ein Vorhang schließt sich, ein neuer öffnet sich!

Für meine Frau und mich stand schon lange fest, dass wir nach dem Ende meiner permanenten beruflichen Tätigkeit in Asien wieder nach Deutschland ziehen würden. Hongkong war für fast 27 Jahre unsere Heimat, ein faszinierender Ort, an den wir auch heute immer gerne denken. Deutschland ist jedoch das Land, in dem wir unsere Wurzeln haben. Unsere Töchter, meine Mutter und andere Familienangehörige leben alle in Deutschland bzw. unsere älteste Tochter im quasi benachbarten England. Der zuvor große Zeitunterschied existiert nun nicht mehr, es sind keine aufwendigen Langstreckenflüge oder die immer nur zweitbeste Alternative von Video-Calls mehr nötig, um sich zu sehen und in den Arm nehmen zu können. Das waren für uns die ausschlaggebenden Gründe, dem liebgewonnenen Hongkong und unseren Freunden dort Farewell zu sagen.

Wirkliche Freunde bleiben aber auch Freunde. Nun können wir wieder die Nähe zu unseren alten Freunden in Deutschland genießen und werden die Freundschaften in vielen anderen Teilen der Welt weiter intensiv pflegen.

Den Zeitpunkt unserer Rückkehr entschieden wir selbst. Ich informierte meinen CEO ein Jahr vor Ablauf meiner laufenden Vertragsperiode als CFO, dass ich für eine weitere Verlängerung nicht mehr zur Verfügung stehen würde. Damit hatten er, das Board und unsere Mehrheitsanteilseigner, die das Recht haben, den CFO zu ernennen, ausreichend Zeit, sich für einen Nachfolger zu entscheiden. Diesem konnte ich dann entsprechend mit einer ordentlichen Übergabe und Einarbeitung zur Seite stehen.

Zunächst einmal fällt es schwer, dem liebgewonnen Heim in unserer zweiten Heimat Hongkong Lebwohl zu sagen. Wir haben Hongkong aber intensiv erlebt und gelebt, dies bleibt uns sowieso erhalten. Es gibt eine diesbezügliche Redewendung: „You can leave Hongkong, but it will never leave you" (Du kannst Hongkong verlassen, aber Hongkong wird dich nie verlassen). Ich kann diese Aussage nur bestätigen. Hongkong wird immer einen festen und sehr wichtigen Platz im Herzen meiner Familie und mir einnehmen.

Freunden und Kollegen Lebewohl zu sagen, ist immer besonders schwierig. Die Erfahrung, dass es uns möglich war, über so viele Jahre mit alten Freunden und Kollegen aus Deutschland in Kontakt zu bleiben, zeigte jedoch, dass es auch von Deutschland aus möglich ist, den Kontakt nach Asien und in andere Teile der Welt zu halten. Das muss man aber wollen und sich aktiv darum bemühen, dass der Kontakt bestehen bleibt.

Gleichzeitig freuten wir uns riesig auf unser neues Zuhause in Deutschland, zurück in meinem Heimat- und Geburtsort. Ein Städtchen mit knapp 30.000 Einwohnern, im Scherz sage ich oft, so viele Menschen leben auch in einem mittelgroßen Housing Estate in Hongkong, mit dem Unterschied, dass wir hier einen Bürgermeister für diese Einwohnerzahl haben.

Allerdings liegt es sehr zentral in der Mitte Deutschlands nahe Frankfurt am Main, also dem dortigen Flughafen. In der Tat ist es für Freunde und frühere Kollegen auf Reisen nach Europa häufig ein Transitpunkt und somit konnten wir schon im ersten Jahr unserer Rückkehr fünf Besucher aus Hongkong in unserem neuen Zuhause als Gäste begrüßen. Ein Weg, diese Freundschaften zu pflegen.

Dies, die räumliche Nähe zu unserer Familie – auch England ist nur eine Stunde Flug entfernt – und das Wiedersehen mit vielen Freunden, die wir teils seit Jahren nicht persönlich getroffen hatten, haben uns das Einleben sehr leicht gemacht. Über die eine oder andere kleine bürokratische Hürde in Deutschland schweige ich an dieser Stelle, auch wenn das sicher Stoff für ein weiteres Buch wäre.

Wie aber schafft man den Übergang von einer Vollzeit-beschäftigung als CFO zu dem Leben als Privatier?

Darauf wurde ich schon im Vorfeld unseres Umzugs und dann natürlich auch danach häufig angesprochen. Wie würde ich denn mit dem Ende meiner Berufstätigkeit in Vollzeit umgehen?

Meine Antwort darauf war, dass ich den Plan hatte, keinen Plan zu haben.

Nach so vielen Jahren, in denen Stunde für Stunde und oftmals 24/7 durchgeplant waren, wollte ich mir den Luxus gönnen, erst einmal keinen Plan zu haben. Eine gute Entscheidung, wie ich finde, denn in den ersten Wochen hatte ich alle Hände voll zu tun, gemeinsam mit meiner Frau und der tatkräftigen Unterstützung von guten Freunden unser neues Haus bewohnbar zu machen und nach unserem Geschmack auszustatten. Unsere besten Freunde hatten uns beim Auspacken der 388 Umzugskisten aus Hongkong geholfen und sich mit uns durch das Chaos der Kartons und die Frage: „Wohin mit dem Inhalt?" gearbeitet. Ein weiterer alter Jugendfreund brachte mir, wie bereits erwähnt, das Fliesenlegen bei und mit Stolz zeige ich noch heute jedem Besucher unsere Kellerräume, die ich mit ihm und in einem Raum sogar allein gefliest habe. Vielleicht der Start zu einer neuen Karriere als Fliesenleger? Nein, das dann doch nicht, aber es hat mich gelehrt, jeder handwerklichen Fähigkeit nochmals mit mehr Achtung zu begegnen.

Mithilfe einer Branding-Agentur in Hongkong, die mich kurz vor meiner Abreise angesprochen hatte, verbesserte ich meine Präsenz auf LinkedIn. Ich beschäftige mich dort insbesondere mit Artikeln über die Bekleidungsindustrie und Menschenführung, um meine Sichtweise dazu zu kommentieren und zu teilen. In meiner aktiven Zeit war ich nie der große Netzwerker auf Plattformen wie LinkedIn. Ich war dort zwar registriert und hatte auch ein paar Kontakte, aber das waren Personen, die ich persönlich kannte und mit denen ich auch in Kontakt bleiben wollte. Mir ging es also nicht darum, möglichst viele Kontakte zu haben, nur um der Zahl willen. Durch meine verstärkte Aktivität auf LinkedIn hat sich die Zahl meiner Kontakte dort allerdings auch sehr schnell und stark vergrößert. Da ich jetzt mehr Zeit habe, kann ich diese, wenn auch nicht im persönlichen Zusammentreffen, so doch zumindest durch den Schriftverkehr besser pflegen. Mit einigen der neuen Kontakte gab und gibt es einen durchaus regen Austausch und/oder auch einmal Telefonate. Ein gutes Werkzeug, um in vielen Fragen auf dem Laufenden zu bleiben.

Ohne Plan, aber dafür durch einen weiteren Freund, kam dann der Kontakt zu einem interessanten Start-up-Unternehmen, Rodinia Generation, in Dänemark zustande.

Das Unternehmen hat eine Technologie mit- bzw. weiterentwickelt, die das Bedrucken von Stoffen für die Bekleidungsfertigung ohne Wasser ermöglicht. Zudem werden keine oder nur sehr geringe Anforderungen bezüglich der Mindestproduktionsmengen gefordert und ein vollautomatisiertes Zuschneiden der Stoffe nach dem Bedrucken ist möglich. Der gesamte Prozess ist digitalisiert und die Daten stehen zur weiteren Bearbeitung und Optimierung zur Verfügung. Dort suchte man nach einer Person, die im Board des Unternehmens Industrie- und Kundenerfahrung einbringen könnte. Nach einigen Gesprächen nahm ich dann diese Rolle für ein Jahr wahr und lernte in dieser Zeit viel über Start-ups.

Ich musste jedoch auch lernen, dass ich zwar eine Stimme und gewissen Einfluss im Board des Unternehmens auf die Gesamtstrategie und Ausrichtung hatte, die tagtäglichen Entscheidungen aber eben nicht von mir getroffen wurden. Ich musste mich an diese neue Rolle erst gewöhnen. Am schwersten fiel mir dabei, dass ich Informationen nicht, wie ich es gewohnt war, quasi auf Knopfdruck bekommen konnte, sondern oftmals das nächste Board-Meeting abwarten musste. Die Tatsache, dass bei Start-ups die Story oftmals für die nächste geplante Finanzierungsrunde wichtiger erscheint als der laufende Auftragseingang, ist mir nach wie vor etwas fremd.

Aus meiner Tätigkeit im Board ist auch eine Beratungstätigkeit entstanden, die ich von Zeit zu Zeit für gezielte Projekte anbiete und ausübe.

Ob es nun meine LinkedIn-Posts oder meine Tätigkeit im Board des Start-ups sind, in beiden Fällen konnte ich meine Erfahrung und meine Sichtweisen mit vielen Menschen teilen und darunter waren und sind es häufig junge Menschen, die noch am Anfang ihrer beruflichen Karrieren stehen. Gerade dieser Gruppe etwas mit auf den Weg zu geben, macht mir große Freude. Nicht, um zu behaupten, dass ich für alle Fragen eine Antwort hätte oder jedem mit gutem Rat zur Seite stehen könnte, sondern um einfach ein Puzzleteil zu sein, das vielleicht dabei hilft, das Bild zusammenzusetzen, das man von und vor einer neuen Herausforderung oder Aufgabe haben sollte: eines mit viel Euphorie und Vorfreude auf das, was kommt, aber auch mit Realitätsbewusstsein und dem Wissen, dass am Ende fast alles anders kommt als erwartet.

Ebenfalls ohne dies jemals geplant zu haben, erreichte mich kurz vor meiner Abreise aus Hongkong eine Nachricht von Andrew Dupy über besagte Netzwerkplattform. Er überraschte mich mit der Frage, ob ich mir denn vorstellen könne, ein Buch zu schreiben.

Darüber hatte ich bis dahin noch nie nachgedacht und vertagte ein angebotenes Telefonat dazu erst einmal, um mich in Ruhe mit dem Thema auseinandersetzen zu können.

Zwar hatte ich in der Schule Deutsch und Englisch als Leistungskurse gewählt, und man hatte mir schon immer nachgesagt, dass ich einen journalistischen Schreibstil hätte, was bei dem einen oder anderen Geschäftsprotokoll nicht unbedingt ein Vorteil gewesen war. Aber hatte ich denn wirklich etwas zu sagen, das die Leser interessieren würde?

Die Antwort hierzu liegt nun in Ihrer Hand oder auf Ihrem Bildschirm. Meine Frau und meine Töchter waren die ersten, die ich dazu ansprach und fast etwas unerwartet für mich sagten sie unabhängig voneinander, dass sie sich das gut vorstellen können. Die vielen Erlebnisse mit den unterschiedlichsten Menschen und Kulturen habe ich mit ihnen immer schon intensiv geteilt und die Begeisterung, die mich überfällt, wenn ich davon erzähle, könnte doch auch andere interessieren und inspirieren.

Mit der Unterstützung des Teams von Leaders Brand machte ich mich somit an die Arbeit. Immer noch etwas zweifelnd, aber hoch motiviert.

So, und am Ende schreibt man dann ein Buch? Ganz bestimmt ist das nicht das Ende und mein Werdegang zeigt hoffentlich auf, dass jedes Ende immer auch einen Neuanfang bedeutet. Und um es mit dem für mich so wichtigen Ausdruck zu sagen:

Ein Vorhang schließt sich, ein neuer Vorhang öffnet sich.

Epilog

Die vielen Momente und das Zusammentreffen mit so vielen Menschen an den unterschiedlichsten Orten Revue passieren zu lassen, war für mich eine emotionale Reise, die mir unendlich Spaß gemacht hat.

Ich hoffe, dass ich meinen Lesern mit diesem Buch den Blick für die vielen Orte, Kulturen und Menschen weiter geöffnet habe. Vielleicht kann es ja auch die Inspiration dazu sein, sich selbst auf ein Abenteuer in der Fremde einzulassen.

Meine ursprüngliche Erwartung, dass mir der erste Auslandsaufenthalt in Hongkong zu einer hoffentlich erfolgreichen Karriere zurück in Deutschland verhelfen würde, hat sich so nicht erfüllt, da ich den allergrößten Teil meiner beruflichen Karriere eben nicht in Deutschland, sondern in Asien verbracht habe. Gleichwohl hat sich die Entscheidung, den Schritt ins Ausland zu wagen, zumindest nach meiner eigenen Einschätzung, als ein absoluter Glücksfall für mich und meinen beruflichen Karriereweg erwiesen.

Viel mehr als der berufliche Erfolg sind für mich jedoch die persönlichen Begegnungen mit Menschen unterschiedlichster Herkunft und die Ausbildung sowie die Kultur eine unglaublich große Bereicherung gewesen. Dafür bin ich sehr dankbar.

Gespräche über das gleiche Thema verliefen in verschiedenen Ländern oft völlig unterschiedlich. Wenn man jedoch ein gemeinsames Ziel verfolgt oder gemeinsame Maßnahmen beschließen und umsetzen möchte, ist es erforderlich, die teils sehr unterschiedlichen Sichtweisen auf dieses Ziel zusammenzuführen. Ist man in einer entsprechenden Führungsposition, könnte man zwar einfach die Richtung bestimmen, ohne die Gespräche mit dem Verständnis für die jeweilige Sichtweise in einem Land oder einem kulturellen Umfeld zu führen. Langfristige Unterstützung und Überzeugung für ein solches Ziel sind mit einem einfachen Top-Down-Befehl aber nicht zu erreichen. Die Loyalität meiner Mitarbeiter habe ich hingegen immer dann erfahren, wenn sie das Gefühl hatten, gehört und in Entscheidungen eingebunden zu werden. Dafür musste ich mir auf den verschiedenen Bühnen in den jeweiligen Ländern die notwendige Zeit nehmen und darauf Rücksicht nehmen, was meine Mitarbeiter dort bewegte.

Es muss jedoch nicht unbedingt die Fremde sein. Auch ohne die gewohnte Umgebung und Heimat zu verlassen, ist es möglich, neugierig und aufgeschlossen zu sein. Meiner Meinung nach ist es ein guter Weg, zuzuhören, von anderen zu lernen und das Gelernte dann umzusetzen. Das Geplante kann auch einmal hintenangestellt und durch eine spontane Entscheidung ersetzt werden, sofern man sich der Auswirkungen seiner Entscheidungen stets bewusst ist.

Bisher habe ich meine Neugierde auf das, was uns nun zurück in Deutschland erwartet, nicht verloren. Im Gegenteil, hier hat sich gesellschaftlich vieles sehr verändert, weshalb es in gewisser Weise spannend ist, das Leben im heutigen Deutschland wieder neu zu entdecken. „Es ist nicht alles Gold, was glänzt" ist eine deutsche Redensart. Diese Redensart trifft sicher nicht nur auf glänzende Wolkenkratzer in Hongkong oder ein schönes Haus in Deutschland zu, sondern auch auf gesellschaftliche Änderungen und Situationen. Es gibt nun einmal überall auf der Welt positive und negative Seiten der Medaille.

Schaue ich heute nach Hongkong, so stelle ich fest, dass sich dort gesellschaftlich und politisch viel geändert hat. Insbesondere in den letzten Jahren wurde immer deutlicher, dass Hongkong nun eben wirklich zu China gehört und das Pendel im Hinblick auf „One Country, Two Systems" langsam, aber beständig mehr in Richtung „One Country" ausschlägt. Das war aber auch nie anders zu erwarten, schließlich befinden wir uns bereits in der zweiten Hälfte der auf 50 Jahre angesetzten Sonderstellung Hongkongs.

Die Zeit der Globalisierung scheint in vielen Ländern heute vielleicht noch nicht komplett vorbei zu sein, aber die teilweise starken Bestrebungen zur Abschottung sprechen schon eine eigene, ganz andere Sprache.

Die Globalisierung war und ist ja auch kein Allheilmittel und hat ganz sicher Auswirkungen gehabt, die eben nicht für alle Beteiligten positiv waren. Dennoch ist ein Miteinander über Grenzen hinweg für die Gesamtheit das vielversprechendere Konzept und der Konzentration nur auf die eigene Umgebung weit überlegen.

Schauen wir in diesen teils sehr turbulenten Zeiten nun gemeinsam in eine schöne Zukunft oder nicht? Schwer zu sagen. Es liegt jedoch an uns allen, aus jeder Situation das Beste zu machen. Dabei sollten wir uns nicht von Vorurteilen leiten lassen, sondern mit Offenheit und klaren Gedanken auf andere zugehen und nach gemeinsamen Lösungen suchen.

Bei mir ist das Glas, wie bereits angedeutet, immer halb voll und daher schaue ich persönlich weiter positiv in die Zukunft und freue mich auf das, was sich zeigen wird, wenn sich der nächste Vorhang öffnet.

Danke

Ich hatte in meinem Leben bisher das Glück, viele Begegnungen mit Menschen unterschiedlichster Herkunft erleben zu dürfen, und ich bin sehr vielen in der einen oder anderen Form zu Dank verpflichtet. Wenn man es genau betrachtet, vielleicht sogar allen, denn ohne die Interaktion mit anderen Menschen wäre das Leben für uns alle doch äußerst trostlos. Selbst die manchmal nicht so positiven Begegnungen bereichern unseren Erfahrungsschatz und formen die eigene Persönlichkeit darin, auch mit negativen Erlebnissen umzugehen.

Für bestimmte Projekte ist aber auch spezielle Achtung und Anerkennung erforderlich. So ist es auch mit diesem Buch. Ohne die Anregung und die spätere professionelle Unterstützung durch das Team von Leaders Brands unter der Leitung von Alinka Rutkowska wäre ich vielleicht gar nicht auf die Idee gekommen, ein Buch zu schreiben. Andrew (Andy) Dupy, der mich vom ersten Brainstorming bis zum fertigen Manuskript begleitet hat, Anette Liwanag, die im Hintergrund darauf achtete, dass die Zusammenarbeit effizient und schon fast freundschaftlich erfolgte, Marinel (Mars) Balde, die mich mit den Schritten hin zur fertigen Ausarbeitung des Covers, den Fragen zur Produktion und zum Marketing vertraut machte sowie Daniel und Andreas, die mir als Lektoren dabei halfen, meinen Text inhaltlich, sprachlich und stilistisch zu optimieren.

Im Laufe des Prozesses lernte ich, dass man sogenannte „Beta Reader" braucht: Menschen aus dem eigenen Umfeld, die einen kennen und sich bereit erklären, einen Buchentwurf zu lesen und ehrlich zu kommentieren. Das Feedback meiner Beta Reader, Ana Dejanovic, Susanne Cyll und Urs Heggli war für mich unglaublich wertvoll und hat mich dazu bewogen, die eine oder andere Stelle im Buch nochmals zu überarbeiten oder zu korrigieren.

Mein ganz besonderer Dank gilt meiner Familie.

Meinen Eltern, die mich mit vielen Freiheiten und viel Vertrauen großgezogen haben, die mir Verantwortungsbewusstsein und Respekt vor anderen Menschen als wichtige Werte mit auf den Weg gegeben haben und die mich neugierig auf Neues und Fremdes sein ließen.

Meiner Frau, Annette, die mich bei diesem Projekt von der ersten Minute an unterstützt und darin bestärkt hat, dieses Buch zu schreiben. Sie hat unermüdlich meine ersten Seiten bis hin zum fertigen Buch gelesen und mir ihr Feedback dazu gegeben. Viel mehr als das bin ich ihr dankbar für unser gemeinsames Leben, das uns an so viele Orte und in so viele verschiedene, teils schwierige Situationen gebracht hat. Mit ihr an meiner Seite konnte ich eine berufliche Karriere und privates Glück vereinen und schaue gespannt, aber zuversichtlich in das, was die Zukunft uns noch bringen wird.

Das führt dann zu unseren Töchtern, die uns schon als kleine Kinder in die Ferne begleiten mussten. Bei all den schönen Erlebnissen, die sie von klein auf in Hongkong und Asien machen durften, hatten sie auch mit Abschieden von Großeltern und Freunden zu kämpfen. Danke Maren und Joana, dass ihr beide das so bewältigt habt und Danke für die Zuversicht, die ihr mir beim Schreiben des Buches gegeben habt.

Jörg Kornblum, Griesheim, 2025

Denken Sie über einen Auslandsaufenthalt nach?

Sprechen wir darüber!

Wenn Sie sich von meiner Geschichte angesprochen fühlen, teile ich gerne mehr mit Ihnen. Ob Sie als Leser neugierig auf die Realität des Lebens im Ausland sind oder als Unternehmen junge Talente für neue, prägende Erfahrungen ins Ausland entsenden möchten – ich bin jederzeit offen für ein ausführliches Gespräch.

Ein Umzug ins Ausland bietet unglaubliche Vorteile, aber auch Herausforderungen und prägende Lebenserfahrungen. Ich freue mich darauf, mit Ihnen über all das zu sprechen. Die Chancen, die kulturellen Veränderungen, die persönliche Weiterentwicklung und die unerwarteten Erkenntnisse, die man erst gewinnt, wenn man den Schritt wagt.

Wenn Sie mehr erfahren oder ein Gespräch beginnen möchten, vernetzen Sie sich gerne mit mir über mein LinkedIn-Profil.

☞ Scannen Sie den QR-Code, um Kontakt aufzunehmen!

Author Bio

 Jörg Kornblum, geboren 1963 in Griesheim bei Darmstadt, studierte Wirtschaftsingenieurwesen an der Technischen Universität Darmstadt. Mehr als drei Jahrzehnte war er in internationalen Führungspositionen tätig, unter anderem in Hongkong, wo er als General Manager, Executive Vice President und Group CFO eines global agierenden Konzerns arbeitete. Das langjährige Wirken an der Schnittstelle von Wirtschaft, Verantwortung und kultureller Vielfalt hat seinen Blick auf Führung, Wandel und persönliche Entwicklung nachhaltig geprägt. Seit seiner Rückkehr aus Hongkong nach Deutschland im Jahr 2024 widmet sich Jörg Kornblum neben seiner beratenden Tätigkeit dem Schreiben.